열네 살의 철학

by IKEDA AKIKO

열네 살의 철학

이케다 아키코 씀 | 김경옥 옮김

민들레

열네 살부터
시작하는 철학

1

비를 두드려 '맞는' 사람과 반갑게 '맞는' 사람.

　너희는 지금 중학생? 아님 고등학생인가? 뭐, 학생이 아니어도 괜찮아. 그건 그리 중요한 게 아니니까.

　참, 그런데 어때? 너희는 지금 이렇게 살아 있는 걸 아주 멋진 일이라고 생각하니, 그렇지 않으면 참 시시하다고 생각하니? 그도 아니면 지금은 뭐가 뭔지 잘 모르겠지만 앞으로 한번 생각해 봐야지, 뭐 그런 정돈가?

　어쨌든 내가 맨 처음 하고 싶은 말은, 산다는 걸 아주 멋진 일이라고 생각하는 사람에겐 사는 게 멋진 일이라는 거야. 왜냐고? 그건 그 사람이 산다는 걸 멋진 일이라고 생각하기 때문이지.

　그럼, 산다는 걸 시시하다고 생각하는 사람에겐 사는 게 시시한 일이겠네? 빙고! 그렇지, 바로 그거야. 그 사람이 산다는 걸 시시하다고 생각하기 때문에 시시한 일이 되는 거지.

어때? 이런 말을 듣고 보니 뭔가 생뚱맞은 느낌이지? 어쩌면 너무 뻔한 이야기를 한다고 코웃음치고 있을지도 모르겠군.

누군가는 벌써 눈치를 챘을 거야. 산다는 게 '멋지다' '시시하다' 하는 건, 말하자면 그 사람이 그렇게 생각하고 있기 때문에 그런 거라고 말이야. 그 사람이 그렇게 생각하니까 사는 게 멋지게도 되고 시시하게도 되는 거라고.

그래, 바로 그 말 그대로야. 산다는 게 멋지다거나 시시하다거나 하는 건 스스로 자기 삶을 그렇게 생각하기 때문이지. 그렇잖니? 만약에 내가 그렇게 생각하지 않는다면 도대체 어느 누가 나 대신 그렇게 생각할 수 있겠어.

지금 하는 말들이 이상하게 들리니? 아마 무슨 말을 하고 있는지 알 듯 말 듯하거나 아니면 뭔가 이미 알고 있는 듯한 느낌이 들기도 하겠지. 어쩌면 뭐라 말하기 힘든 불가사의한 느낌이 들기도 할 거야.

근데, 그 불가사의한 느낌은 뭘까? 그건 도대체 어디서 오는 걸까? 그 불가사의한 느낌을 찾아 자기 안으로 가만히 들어가 보렴. 그런 느낌이 나오는 지점을 틀림없이 찾아낼 수 있을 테니까.

응, 벌써 찾았어? 그래, 그 불가사의한 느낌은 바로 '내가 생각한다'는 그 지점에서 생겨나는 거지. 내가 생각한다, 내가 그렇게 생각한다, 뭔가에 대해 내가 그렇게 생각한다고 하는, 바로 그것 말이야.

이 '내가 생각한다'는 건 도대체 뭘 말하는 거지? 아무리 곰곰이 생각을 해 봐도 '내가 생각한다'는 게 뭔지 모르겠다고? 너희들은 지금까지 십 몇 년을 그냥 살아 왔을 뿐이지만 가만 보면 언제나 줄기차게 이 '내가 생각한다'를 하고 있었던 셈이야. 언제 어디서나 '내가 생각

'한다'를 해 왔던 거지. 아주 당연한 일 같지만 한편으로는 뭔가 대단한 일 같지 않니?

'생각한다'는 건 다른 누구도 대신해 줄 수 없는 일이야. 친구나 부모님 같은 다른 사람들은 사는 걸 어떻게 생각하고 있을지를 생각한다 해도 역시 너희들 자신이 생각할 수 있을 뿐이지. 부모님이나 친구들이 너희를 '대신해서' 생각하는 건 불가능하지. 물론 그들이 그들 자신을 생각하는 건 가능하겠지만 말이야.

음, 점점 뭔가 이상하게 꼬이고 있는 것 같지? '내가 생각한다' 말고는 '생각한다'가 안 된다니, 이게 무슨 말일까? 자, 이야기를 다시 처음으로 돌려 보자. 사는 게 멋진 일이라고 생각하든 시시하다고 생각하든 역시 내가 그렇게 생각해서 그런 거지. 다른 누구도 나를 대신해서 그렇게 생각할 수는 없으니까 말이야.

그런데 이 사실을 인정하게 되면, 내 삶이 멋지다는 게 단지 내가 그렇게 생각해서 그런 걸까? 또 시시한 것도 내가 단지 그렇게 생각해서일까? 실제로는 그런 게 아닌데도 단지 내가 그렇게 생각하고 있어서 그럴까?

너희들 가운데는 틀림없이 이렇게 반론하는 사람이 있을 거야. "그냥 내가 그렇게 생각하는 거라고만 할 수는 없어. 나는 정말로 살아 있는 게 시시해. 봐, 엄마 아빠는 잔소리만 해 대지, 친구들은 심심하면 날 괴롭히지, 살아서 즐거운 게 손톱만큼도 없단 말이야. 정말로 짜증나는 일뿐이라니까."

아! 확실히 그 삶은 참 재미없겠군. 기왕에 살고 있으니 즐거운 일들만 있으면 좋을 텐데. 그런데 과연 그 말이 옳을까? 시시한 일을 시시하다고 생각하는 것 역시 어디까지나 너희들이잖아. 너희들 삶을 시시하게 만든다는 부모나 친구들이라 해도, 너희들을 대신해서 그렇게 생각할 수는 없으니까 말이야. 그렇다면 잘 들어 봐. '내가 생각한다'는 어디까지나 그들이 아닌 나만이 할 수 있는 거니까, 설령 아무리 시시한 거라 해도 내가 '시시하다고 생각하지 않는 것'도 가능하지 않을까?

물론 실제로 그렇게 한다는 건 무척 어려운 일이야. 하지만 생각하고 있는 건 언제나 본인인 '나'라는 가장 중요한 이 사실을 잊지 않고 있으면 언젠가는 그렇게 할 수 있을 거야. 그렇게 되면 틀림없이 이렇게 생각하게 되겠지. '산다는 게 시시하다니! 내가 잠시 그런 생각에 빠진 것뿐이야.'

이야기를 다시 앞으로 진행시켜 보자. 산다는 건 멋진 일일까 시시한 일일까? 어느 쪽이든 '내가 그렇게 생각한다'는 건 어느 정도 이해하게 된 듯한데…. 자, 그렇다면 내가 그렇게 생각하고 있는 게 아닌 '진짜'는 어떤 걸까? 산다는 게 멋지다든지 시시하다든지 단지 자신이 그렇게 생각하고 있는 거라면, '내가 생각하는' 것 말고 실제로는 어떨까? 산다는 건 '실제로는' 멋진 걸까 시시한 걸까, 어느 쪽이 진짜일까?

어떻게든 그게 알고 싶지 않니. 자! 과연 어느 쪽일까?

아까부터 자꾸 이상한 말만 늘어 놓고 있지? 그래도 고개를 갸우뚱하면서도 여기까지 읽어 왔다면, 아까 말한 '그냥 내가 생각한다'에서 한 걸음 성큼 나아가 이미 '사유하기'라는 걸 시작한 셈이야. '내가 생각한다' 는 게 도대체 뭘까, 그걸 사유하기 시작했다는 거지.

이건 무척 소중한 한 걸음이야. 너희들은 태어나서 지금까지 십 몇 년 동안 자신이 생각을 하고 있다는 걸 당연하게 여기며 살아 왔어. 그게 뭔지 분명치는 않지만 어쨌든 생각하고 있으니까 그렇다고 생각해 온 거지. 그리고 그게 진짜인지 어떤지 별로 신경도 쓰지 않았고.

하지만 그런 시기는 이제 슬슬 끝날 때가 되었어. '내가 생각한다' 라는, 그 동안 너무도 당연하게 생각해 왔던 이 일이 과연 어떤 건지를 잘 모르고 있었다는 사실을 이제는 알게 되었기 때문이야. 하루도 빠짐없이, 또 틀림없이 자기 자신이 생각하고 있었으면서도 그게 어떤 건지 자신이 모르고 있었다니 얼마나 이상하니?

이상한 건 어떻게든 알고 싶어지지. 그래서 사람은 '사유' 라는 걸 하는 거야. 뭔지 잘 알 수 없는 데다 이상하기도 한 이 '내가 생각한다' 는 게 실제로는 어떤 건지 알기 위해 '사유하기' 를 시작하는 거지. '사유한다' 는 건 여태까지 해 온 그냥 '생각한다' 는 것과는 전혀 다른 거야. 그렇다고 결코 어려운 건 아니니까 너무 겁먹지는 말고.

너희들 나이가 되면 여러 가지 생각할 것도 많아지고, 그러다 보면 이런저런 고민에 빠지기도 하지. 학교나 가족, 친구 관계도 그렇고, 나는 뭘 해야만 하고 앞으로 어떻게 살아야 좋을지 틀림없이 한가득 고민을 안고 있을 거야. 그렇지만 지금 잠깐 그 고민의 알맹이는 살짝 옆으로 젖혀 두고, 바로 이 '고민한다' 는 게 도대체 어떤 건지 한번 들여다볼까?

"고민한다는 건 어떻게 해야 좋을지 모른다는 거야." 하고 너희 중 누군가는 말할지도 몰라. 그렇군. 너희들은 모르니까 고민하는 거지.

그런데 과연 그게 효과가 있을까? 만약 정말로 뭔가를 모른다면 고민을 할 게 아니라 사유를 해야 하지 않을까? 이럴까 저럴까 고민하는 게 아니라 그게 뭔지 분명하게 사유하는 거지.

사유한다는 건 '그것이 과연 무엇인지' 사유하는 거야, '그것을 어떻게 하면 좋을지' 고민하는 것과는 달라. 하긴 그것이 무엇인지 사유해서 확실하게 알지 못하면, 어떻게 할지 몰라 고민하게 되는 게 당연하겠지.

여기서 잠깐 한 가지만 물어 보자. 확인하고 싶은 게 있거든. 산다는 게 시시하다고 고민하는 너희들, 자! 산다는 건 과연 뭘 말하는 건지 알고 있니? 너희들이 시시하다고 말하는, 그 '산다'는 게 과연 무엇인지, 정말로 알고 있니?

"산다는 건… 산다는 거지 뭐."

음, 그래. 너희들은 그 이상은 아직 잘 모르겠지. 그러니까 우리 지금부터 사유를 해 보자! 고민하지 말고 사유해 보는 거야! 자, 그럼 사유를 한번 시작해 볼까.

'산다는 건 정말은 멋진 걸까, 시시한 걸까? 또 산다는 건 도대체 뭘 말하는 걸까?'

“산다는 건 멋진 일이야.” 하는 친구들과 “산다는 건 시시해.” 하는 친구들이 나뉘어서 토론을 한다고 가정해 보자. ‘멋져’ 파는 아마도 이런 식으로 주장하지 않을까?

“산다는 건 멋진 거라고 생각해. 왜냐면 부모님은 날 사랑하시지, 친구들 덕분에 늘 신나지, 또 공부로 새로운 걸 알게 되니 재밌지… 이처럼 멋진 일은 없다고 생각해. 만일 이 세상에 태어나지 않았다면 이런 경험은 하고 싶어도 할 수 없었을 테지? 난 이렇게 살아 있어서 너무 좋아!”

그러면 ‘시시해’ 파는 이렇게 주장하겠지.

“산다는 건 시시한 거야. 잔소리만 하는 부모님에다가 친구들은 날 못살게 굴고, 거기다 학교 공부도 쓸데없는 것투성이니… 살아 있다는 건 정말 시시해. 이런 줄 알았으면 차라리 태어나지 않는 편이 좋았을 텐데 … .”

이 말을 들은 '멋져' 파는 또 이렇게 반론하겠지?

"그건 틀린 생각이야. 살다 보면 좋은 일도 있잖아? 그렇게 단정지어 생각하는 건 아주 위험한 거야."

하지만 '시시해' 파 역시 잠자코 있지 않겠지.

"하지만 살다 보면 나쁜 일도 있잖아. 너희들이 그걸 모르고 있을 따름이지. 그러니 단순하게 삶이 멋진 거라고 생각하는 너희들이야말로 틀렸다고 생각해."

이런 말을 들으면 '멋져' 파는 또 이렇게 말하고 싶어할 거야.

"내가 틀렸다고 생각지도 않지만 틀렸다고 해도 상관없어. 누가 뭐라 해도 나는 진짜로 그렇게 생각하고 있으니까. 그렇게 생각하는 건 내 자유잖아?"

이에 곧바로 대응하는 '시시해' 파.

"그렇다면 내가 그렇게 생각하는 것도 내 자유겠네? 나도 진짜로 그렇게 생각하니까."

아마 이야기는 이 이상 더 나가지는 않을 거야. 계속하다가는 "그렇게 싫다면 왜 살고 있냐?" 하는 말까지 튀어나와 결국에는 험한 말들이 오가는 싸움으로 번질지도 모르지. 아니면 옆에서 듣고 있던 '어느 쪽인지 잘 모르겠다' 파가 "개인의 자유니까 여러 가지 의견이 있어도 좋다고 생각해." 하면서 중재를 할지도 모르고.

그렇다면 '개인의 자유니까 여러 가지 의견이 있어도 좋아' 라는 이 의견 자체는 옳은 걸까, 틀린 걸까?

너희들은 지금까지 '자기 의견을 분명하게 주장하도록 하라' 는 말을 자주 들어 왔을 거야. "자기가 생각한 걸 다른 사람에게 정확히 말할 수 있도록 해 봐, 그게 자유라는 거야." 하고 말이지.

그런데 여기서 잠깐 생각해 보자. 자기가 생각한 걸 사람들에게 말한다는 건 자기가 옳다고 생각하는 걸 말하는 거라고 해도 괜찮을까?

예를 들어 조금 전 논쟁의 경우 사람들마다 나름대로 자기가 생각한 걸 주장했지. 모두가 자기 생각이 옳다고 생각하고 있기 때문이야. 누구나 보통 자기가 생각한 게 틀렸다고 알면 그 생각을 다른 사람들에게 말하지는 않아. 왜 그럴까? 너무 당연한 걸 묻고 있는 건가? 자기 주장이 틀렸다는 걸 이미 알고 있는데 뭐 하러 사람들에게 그런 주장을 하겠어? 그렇게 하면 비웃음을 사고 말 거라는 걸 스스로 알고 있는데 말이야. 사람들은 자기가 옳다고 생각하는 게 아니면 주장하지 않아.

그렇다면 자기는 옳다고 생각하지만 사실은 틀렸을 경우는 어떻게 될까? 본인은 절대로 옳다고 생각하지만 사실은 완전히 틀렸는데 그것도 모르고 큰 소리로 주장한다면 무척 창피한 일이겠지. 이렇게 창피한 일을 하는 것이 자유인 걸까? 만약 그렇다면 자유롭게 뭔가를 말하지 않는 편이, 또 자기가 생각한 걸 사람들에게 말하지 않는 편이 어쩌면 더 나은 게 아닐까?

하지만 그렇게 하다 보면 자기가 생각하고 있는 게 진짜로 옳은지 틀린지 아무리 시간이 지나도 알 수 없지 않을까? 자기 혼자 그렇게 계속 생각하고만 있을 테니까. 그렇다면 자기가 생각하고 있는 게 옳은지 틀린지를 알려면 도대체 어떻게 해야 할까?

이미 다 알고 있을 거야. 맞아, 사유를 해야 해. 자기가 생각하고 있는 게 단지 자기가 그렇게 생각하는 것에 지나지 않는 건지, 정말로 옳은 것인지를 알기 위해서는 '사유'를 하지 않으면 안 돼. 그런데 '하지 않으면 안 돼'라고 말했지만 특별히 누군가가 너희들에게 강요하고 있는 건 아니야. 그건 어디까지나 너희들이 틀린 것보다 '옳은 것'을 알고 싶어하는 마음에서 우러나 시작하게 되는 거니까. 만약에 알고 싶지 않다면 별스럽게 사유하지 않아도 상관없어. 틀린 생각으로, 틀린 삶을 선택한다 해도 그건 어디까지나 너희들의 자유니까. 누구도 너희들을 대신해서 살아 주지는 않으니까 말이지.

자, 그렇다면 '옳은 것'을 알기 위해 사유를 시작한 너희들, 너희들은 우선 '생각하다'와 '사유하다'가 어떻게 다른지를 사유했으면 해.

'내가 그렇게 생각한다'고 할 때 '그렇게'가 맞는지 틀리는지 '생각한다'만으로는 알 수가 없어. 자기는 그게 옳다고 생각하지만 다른 사람은 그렇게 생각하지 않는다든지, 이전에는 옳다고 생각했지만 지금은 그렇게 생각하지 않는다든지, 정신을 차리고 보니 그것만은 아니더라 하는 경우도 종종 있잖아. 가만 보면 인간은 자기가 생각하고 있는 게 옳은지 어떤지 끊임없이 사유하고 있는 셈이야.

그 가운데는 이렇게 묻는 사람도 있지 않을까? "예를 들어 내가 꽃을 보고 아름답다는 생각이 들었을 때 그렇게 생각하는 게 옳은지 틀린지 사유해야 하나? 꽃이 아름답다고 생각하는 게 틀릴 수도 있는 건가?"

아주 예리한 질문이야. 분명히 꽃을 아름답다고 생각한다든지, 친구랑 노니까 즐겁다든지, 야단을 맞았더니 우울하다든지 같은, 그런 식으로 '느끼는' 것에 대해서는 그것이 옳다 틀리다고 말하지는 않지. 진정 그렇게 느끼고 있는 거니까. 하지만 '왜' 내가 그렇게 느끼는지 사유하다 보면 훨씬 더 신기한 걸 알아차릴 수 있을 거야.

음, 꽃을 아름답다고 생각할 때, 그건 꽃이 아름다운 걸까 아니면 내가 아름답다고 생각하는 걸까? 어느 쪽이 옳을까? 이렇게 사유하다 보면 '내가 생각하는' 것이 과연 옳은지 틀린지 자꾸 사유하고 싶어지지 않을까?

또, 야단을 맞아 화가 난다고들 하지. 실제로 화를 내고 있으니 화가 난 게 맞다 아니다를 가릴 필요는 없겠지. 하지만 어쩌면 화가 난다는 것, 그 자체가 틀린 걸지도 몰라. 그러니 역시 사유하지 않으면 무엇이 옳고 그른지, 진실을 깨닫기는 어렵겠지.

'정말로 그렇다고 생각한다' 와 '정말로 그렇다' 는 다르다는 걸 기억해 두자. 틀린 거라 해도 자기가 그렇게 생각하고 있으니 '정말로 그렇게 생각한다' 고 생각할 수는 있어. 그렇지만 틀린 걸 옳다고 생각한다 해서 틀린 게 옳은 것이 될 리는 없잖아. 정말로 그런 거라면 처음부터 틀린 게 아니라 역시 그것은 '옳은' 거지. 그런데 정말로 옳다는 걸 어떻게 해야 알 수 있을까?

"내가 옳다고 생각하는 것을 넘어서 그것이 정말로 옳다는 걸 어떻게 알 수 있을까?"

당연한 질문이야. 그리고 가장 중요한 질문이기도 해. 그런데 너희들이 말하는 '옳다' 는 과연 무슨 의미일까?

이렇게 사유해 보자. 사물의 길이나 크기를 측정하는 도구로 '자' 가 있어. 누가 가지고 있는 자든 눈금 일 센티미터는 똑같이 일 센티미터로 정해져 있지. 만약에 이 자가 쓸 때마다 눈금이 달라진다든지, 사람들이 가지고 있는 자마다 눈금이 다르다면 자 구실을 제대로 못하겠지. 무엇 하나 정확하게 잴 수 없으니 세상의 모든 측정이 엉망진창이 돼 버릴 테고 집 한 채도 제대로 지을 수 없을 거야.

마찬가지야. '내가 그렇게 생각하고 있으니까 그게 옳다' 고 생각하는 사람은 자기 혼자만의 자, 자기 혼자만의 눈금으로 모든 걸 정확하게 측정했다고 생각하고 있는 셈이지. 사람들마다 그렇게 저마다 다른 자를 가지고 서로를 측정하고는 그걸 자유라고 주장하고… 그렇게 사람들마다 각자의 자를 갖고 살아 간다면 끊임없는 혼란만 생겨나지 않을까?

하지만 말이야, 사람은 사유라는 걸 해. '내가 생각한다' 는 게 과연 무엇인지 '사유하기' 때문에 정확한 자를 손에 넣을 수 있게 되는 거야. 자기 혼자만의 자가 아니라 누구에게나 정확한 자, 단 하나뿐인 옳은 자. 이것 말고 '옳다' 를 어떻게 설명할 수 있을까?

"그런 자가 정말로 있는 거야?"

물론 있어. 어디에? 너희들이 사유하기만 하면 반드시 그걸 찾게 될 거야. 정확한 자가 어디 있지 하고 여기저기 찾아 헤매기만 하면 오히려 찾기 힘들어. 사유 그 자체가 온 세상을 재는 올바른 자가 된다는 사실을 안 바로 그 때에 비로소 너희들은 자유롭게 사유를 시작할 수 있게 돼. 이런 자유가 세상에 또 있을까?

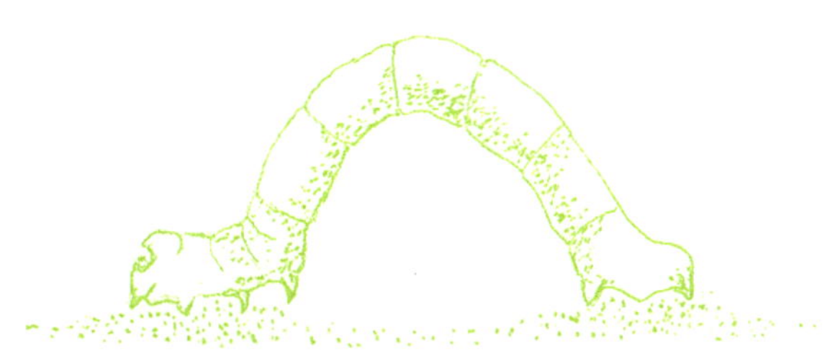

나는야, 자벌레의 지존!

한 사람 한 사람이 다 다른 사람이고, 생활도 성격도 제각각이니 여러 가지 의견이나 느낌이 있는 건 아주 당연하겠지.

그래서 사람들은 대부분 특별히 내가 생각한 것만 옳다고 주장하기보다는 "아무튼 나는 그렇게 생각해." 하고 말하지. 서로의 자유를 존중하고 적당히 양보하면서, 뭐 대충 그런 식으로 맞추면서 말이야.

틀림없이 그것도 살아 가는 방식 가운데 하나라고 할 수 있어. 삶의 방식이란 게 그야말로 천차만별이니까. 자, 그렇다면 너희들은 앞으로 어떤 방식으로 살고 싶니? 진실을 알고 싶지 않니?

너희들은 아마 학교와 가족, 친구 관계로 고민하고 있겠지? 앞으로 어른이 되어 세상으로 나가면 전쟁이나 범죄, 경제적 혼란 그 밖의 수많은 일들로 끝없이 고민할 테고. 하지만 만약 진실을 안다면 그런 혼돈 가운데서도 아주 씩씩하게 잘 살 수 있을 거라 생각하는데… 너희들 생각은 어때?

진실을 알기 위해서는 올바르게 사유할 필요가 있어.

'옳다'는 건 나 혼자에게만 옳은 게 아니라 '누구에게나 옳은 것'이어야 한다는 걸 이제 너희는 알아. 누구에게나 옳은 것이기에 서로 옳다고 주장하다 싸우게 될 일도 없지. 그러니까 누구에게나 옳은 진실을 안다는 건 그 자체만으로도 자유로운 거야. 진실이 뭔지 몰라서 사람들은 다른 사람들에게 자신의 자유를 주장하지. 이상하게 들릴지 모르지만 방금 말한 건 '진실'이니까 지금 당장 이해하기 힘들어도 머리 한 구석에 넣어 두기로 하자. 언젠가는 틀림없이 '아, 바로 이거였구나' 하고 알게 될 때가 올 테니까.

자, 진실을 알고 싶지 않니? 만약에 그걸 알지 못하면 '틀렸어, 뭐가 뭔지 모르겠어'를 끊임없이 되풀이하면서 평생 휘둘릴지도 몰라.

"진실 같은 건 별로 알고 싶지 않아. 난 그때 그때 즐거우면 그걸로 충분해." 하고 말하는 친구들, 만약 너희들이 말하는 '즐겁다'는 게 '진실'로는 너희에게 그다지 도움이 안 되는 건데도 단지 모르고 있을 뿐이라고 한다면 어떨까? 그래도 진실 같은 건 알고 싶지 않다고 말할 수 있을까?

'멋져' 파와 '시시해' 파가 대립하는 장면으로 다시 돌아가서 사유를 진전시켜 보자. 산다는 건 멋지다고 생각하는 쪽과 시시하다고 생각하는 쪽, 그리고 '어느 쪽인지 잘 모르겠다' 파는 그 둘 사이에서 "여러 가지 의견이 있어서 좋다고 생각해." 하고 주장하고 있었지. 논쟁이 치열해지면 다들 열이 올라 쉽게 결론을 내리기 어려워지는 게 당연해. 다양한 생활 방식과 성격을 가진 사람들이 저마다 자기 의견이 옳다고 주장하니 결론 같은 게 내려질 리 없지.

그런데 그 가운데 한 사람, 그 때까지 가만히 다른 친구들의 논쟁을 듣고만 있던 친구가, "넌 어떻게 생각하니?"라는 질문에 이렇게 대답했다고 해 보자.

"산다는 게 멋지다거나 시시하다고 생각하는 게 어떻게 가능한지, 그걸 난 잘 모르겠어. 그러니까… 그걸 생각할 수 있다는 건 내가 살아 있기 때문인데, 나는 내가 살아 있다, 그러니까 산다는 게 도대체 뭘 말하는지 모르겠어. 그걸 모르는데 산다는 게 멋지다거나 시시하다고 어떻게 생각할 수 있겠어?"

어때? 이 친구가 하는 말을 듣고 다른 사람들은 무슨 생각이 들까? '웬 뚱딴지 같은 소리?' 아니면 '너무 당연한 말이잖아…' 뭔가 알 듯 말 듯 불가사의한 느낌이 들지 않니?

아마 대부분은 그 친구가 하는 말을 잘 이해하지 못하고 앞서 벌였던 열띤 논쟁으로 다시 돌아가겠지. 하지만 '멋지다'거나 '시시하다', 또 '어느 쪽인지 잘 모르겠다'고도 말하지 않는 그의 사유 방식이야말로 이 논쟁에서 가장 중요한 것이고 또 가장 필요한 거야. 왜냐고? 그건 이 논쟁에서 그 친구만큼은 자기 혼자에게만 옳은 것이 아니라 누구에게나 옳은 걸 사유하려 하기 때문이지.

'멋져' 파도 '시시해' 파도, 서로 의견은 대립하고 있지만 어느 쪽이나 똑같이 '산다'는 것을 전제로 하고 있어. 나아가 '산다는 것에 대해 나는 ~라고 생각해' 라는 점도 공통되지. 그런데 말이야, 서로 공통으로 생각하는 그 전제, '산다' 에 대해서는 어느 쪽도 사유하고 있지 않아. 사유하지 않고 단지 자기가 생각하는 걸 옳다고 생각하고 입에 올리고 있는 거지. 서로 의견이 대립하는 건 그 때문이야.

그런데 만약 여기서 나 혼자에게만 옳은 게 아니라 누구에게나 옳은 걸 알고 싶다면 어떻게 해야 할까? 그래, 맞아. 조금 전에 뚱딴지 같은 의견을 낸 친구가 하고 있는 것처럼 사유를 하면 돼.

첫 단계로 지금 함께 사유해 볼까? 조금 전 뚱딴지 같은 말을 했던 친구는 그렇게 사유를 시작했는데, 왜 다른 사람들은 사유하지 않고 단지 생각만 하고 있었을까? 이 차이는 어디에서 생겨났을까? 또 말이야, 아까 그 친구가 던진 알 듯 말 듯한 그 말을 왜 다른 사람은 잘 이해하지 못했을까?

그 친구가 한 말을 여기서 다시 한번 천천히 음미해 보기로 하자. 우선 '내가 살아 있다는 것', 그걸 모르겠다고 말했지. 이 점이 다른 사람들과 확연히 달랐어. 그리고 바로 그것이 다른 사람들이 이해할 수 없었던 점이기도 하고. 그건 왜일까?

'내가 살아 있다' '내가 생각한다'가 대체 뭔지 모르겠다는 말을 사람들이 잘 이해하지 못하는 건 자신은 이미 그것을 알고 있다고 생각하기 때문이야. '내가 살아 있다' '내가 생각한다' 같은 건 너무 당연한 거라서 당연히 이미 알고 있다고 생각하는 거지. 하지만 그 친구에게는 바로 그 너무도 당연한 일이야말로 풀리지 않는 수수께끼인 거야. 그래서 그는 사유를 해. 풀리지 않는 수수께끼, 불가사의를 알기 위해 사유하는 거지.

그런데 그 불가사의하다는 게 그 친구에게만 불가사의한 걸까? 설마, 그럴 리는 없겠지. 너희들도 지금 이렇게 살고 있고, 날마다 여러 가지를 생각하고 있는데. '산다'나 '생각한다'는 조금 전 그 친구뿐만 아니라 이 세상 누구에게나 공통된 점이라는 건 너무도 당연하니까. 그러고 보면 이 세상에서 당연한 것보다 더 불가사의한 건 없어. 이 세상에 태어나 이런저런 생각을 하고 우여곡절을 겪으며 살다가 결국에는 죽는다는 당연한 사실이 참으로 불가사의하다고 생각하지 않니? 그리고 이 불가사의한 것의 정체가 도대체 뭔지, 진실을 알고 싶지 않니?

아마 너희들도 가끔은 그런 생각을 했을 거야. 그리고 이런 불가사의한 느낌을 과연 나만 갖는 걸까 하다가, 왠지 아닐 듯한 생각이 들어 "엄마, 있잖아요. 왜 나는 나예요?" 하고 묻기도 했을 거야. 그러면 "애는, 그렇게 당연한 걸 왜 묻니?" 하는 맹숭한 반응만 돌아와 그 뒤로 더 이상 묻고 싶지 않게 됐을지도 모르겠네. 사실은 바로 그 당연한 것이야말로 불가사의해서 궁금증을 참을 수 없게 하는 건데도 말이지.

그런 일들이 되풀이되면 '에이, 내가 좀 이상한가? 이런 걸 느껴선 안 되는 게 아닐까?' 하는 생각이 들지. 그래서 그 불가사의한 느낌을 잊으려고 애썼을지도 몰라. 하지만 절대로 잊어서는 안 돼. 왜냐면 그 불가사의한 느낌이야말로 삶이라는 비밀의 문을 여는 첫 열쇠 구멍이니까. 너희들의 삶에서 무엇보다도 중요한, 누구에게나 옳은 진실을 알기 위해 사유를 시작할 때 들어가는 첫 관문의 열쇠 구멍이 바로 그거야. 그 불가사의라는 문을 열고 또 열면서, 우주 끝까지라도 한번 가 보자.

"그런 요상한 생각일랑 하지 말고 공부나 해." 하고 말하는 어른들이 있지. 어떤 의미에서는 그 말이 틀리지 않아. 사실 사유한다는 건 학교에서 하는 공부와는 좀 다른 거니까. 시험에 '산다는 게 멋진 건지 시시한 건지 여러분의 의견을 적어 보세요' 라는 문제가 나와서 '산다는 게 도대체 뭔지 몰라서 대답할 수 없습니다' 라고 쓰면 선생님도 분명 당황해하시겠지. 하지만 사실은 그렇게 써도 괜찮아. 어쩌면 선생님도 그런 걸 사유해 본 적이 없을 수도 있지만, 이제부터라도 같이 사유해 가면 되니까!

　'누구에게나 옳은 것' 이란 '누구나 옳다고 생각하는 것' 이 아니라는 사실은 이제 확실히 알겠지. 세상 대부분의 사람들은 당연한 건 그냥 당연하다고 생각해. 너무 당연하니까 왜 그런지 사실은 몰라도 자기가 모른다고 생각하지도 않아. 게다가 사유를 하지 않다 보니 옳지 않은 걸 그냥 옳다고 생각하기도 해. 하지만 아무리 많은 사람들이 옳다고 생각한다 해도, 옳지 않은 게 옳은 게 될 리는 없어. 그러니까 설령 이 세상에서 그렇게 사유하는 이가 혼자뿐이라 해도, 너희는 누구에게나 옳은 걸 찾아 혼자만이라도 사유해 갔으면 좋겠어. 왜냐면 바로 그것이 너희들이 '진정으로' 사는 것이니까.

다들 지금 이 문장을 읽고 있지.

그런데 우리는 어떻게 이 문장의 뜻을 알 수 있을까? '낱말'을 읽으면 어떻게 그 뜻을 알지? 또 말이야, 너희들은 날마다 친구들이나 가족과 이야기를 하는데, 어떻게 해서 말로 상대방과 서로 통하는 걸까?

"에이, 통하지 않을 때도 많아. 우리 엄마는 무슨 말을 해도 안 통해."

틀림없이 그렇게 말하고 싶은 친구도 많을 거야. 하지만 너희들이 엄마에게 한 말을 친구들에게 하면 잘 통하지? 그리고 또 엄마가 "바보 같은 소리 하지 마!" 그런 반응을 보인다는 것도 말 뜻이 통하고 있다는 걸 보여 주는 증거지. 너희가 한 말에 동의하지 않을 뿐이지 무슨 말인지 의미를 모르는 경우는 아마 거의 없을 거야.

하긴, 무슨 말을 하는지 전혀 모르겠다는 기분이 들 때도 종종 있긴 해. 어려운 책을 읽거나, 어른들끼리 하는 이야기를 듣다 보면, 그야말로 무슨 말을 하고 있는지 전혀 모를 때도 있잖아. 그런데 참 재미있지 않니? 그 때 너희들은, 그 '모른다' 는 사실을 알고 있으니까 말이야. 그러니까 자기가 모른다는 사실을 안다는 말인데, 어째서 스스로 모른다는 걸 아는 걸까? 또 전에는 몰랐는데 지금은 알겠다는 경우도 있지. 이렇게 말의 뜻을 '안다' 는 건 도대체 뭘까?

어릴 적 말을 익히기 전에 개를 '멍멍이' 라 했고, 자동차를 '붕붕'하고 불렀던 적이 있지. 그러다 "저건 '멍멍이' 가 아니라 '개' 라고 하는 거야, 그건 '붕붕' 이 아니라 '자동차' 라 하고." 이렇게 배워서 세상에 있는 모든 만물에는 이름이 있다는 걸 알게 되었지. 자기만 부르는 이름이 아니라 세상 누구하고도 통하는 그런 이름 말이야. 그렇게 만물의 이름을 익히게 되면서 우리는 세상 누구하고든 대화할 수 있게 되었지.

지금 너희들은 국어 수업에서 문법이라는 아주 귀찮은 걸 배우고 있겠지. 그런데 학교에서 조사나 보조동사 따위를 새삼스럽게 배우지 않아도 너희들은 이미 확실하게 대화할 수 있고 글도 쓸 수 있잖아. 이 사실도 곰곰이 사유하면 참 재미있어. 말이란 건 너희들이 그걸 배우기 전보다 더 전에, 너희들이 대화할 수 있게 되기 훨씬 전에도 있었어. 그러니까 너희들에게 말을 가르쳐 준 어머니나 선생님들보다 더 먼저 말이 있었기에 그분들이 말을 가르쳐 줄 수 있었던 거지.

하지만 말이 나보다 먼저 있었다 하더라도, 말보다 더 먼저 존재한 건 사물이 아니냐고 묻는 사람이 있을지도 모르겠군. "'개' 라는 말보다 먼저 개라는 동물이 있어서, 그걸 보고 '개' 라고 말할 수 있지 않았을까? 개라는 동물이 먼저 없었다면 '개' 라는 말도 없었을 거야." 하고 말이지.

　너희들은 무심코 그렇게 물을 수도 있겠지만, 이 질문은 정말로 중요한 거야. 만약 다행히도 이 의문이 잘 풀리면, 너희들은 모든 불가사의를 푼 거나 마찬가지야. 그렇다면 자, 사물이 먼저일까, 말이 먼저일까? 과연 어느 쪽이 먼저일까?

　차례차례 그리고 천천히 사유해 보도록 하자. 사람들은 눈에 보이는 개, 그러니까 덩치가 크거나 작거나, 하얗거나 검거나, 귀가 섰거나 누웠거나, 생김새는 다 다르지만 꼬리가 있고 네 발로 걷는 그런 동물을 보면 '개'라고 해. 누구나 그렇게 말하지.

　사물이 먼저라는 관점에서 보면 만약에 그 동물이 지구상에 없었다면, '개'라는 말도 없었을 거야. 또 그 동물을 한 번도 본 적 없는 사람에게 '개'라는 말을 가르칠 수도 없겠지. 그런 의미에서 보면 말보다 사물, 눈에 보이는 사물이 먼저 있었던 셈이야. 다시 말하면 말이란, 앞서 존재하고 있던 사물에 붙인 라벨 같은 거라고 할 수 있어.

　그렇다면 여기서 다시 한 가지 의문이 떠올라. '그 동물을 '개'라는 말로 부르자고 최초로 정한 건 과연 누굴까?' 하는. "아주 먼 옛날 사람들이 다 같이 모여서 정했겠지." 이렇게 말하고 싶으려나? 그런데 그런 경우에도 말이야, 사람들이 제각각 보는 그 동물은 큰 것 작은 것, 검은색 흰색으로 저마다 다 다른데, 어떻게 그걸 '개'라는 단 한 단어로 부를 수 있었을까? 설령 겉모양이 아주 비슷하게 생긴 개들만 있었다 해도 그 동물을 틀림없이 '개'라고 부르기 위해서는, 또 마구 덤벼드는 건 늑대고 사람을 잘 따르는 건 개라고 모두가 다 같이 정하기 위해서는 '개'라는 말, 그 '의미'는 먼저 누구나 알고 있었어야 하지 않을까? 먼저 있는 사물에 라벨을 붙이려면 서로 좀 다르게 생겼어도 같은 걸 의미한다고 알고 있어야겠지. 그렇다면 모두가 먼저 알고 있는 그 '의미'는 누가 정한 거지?

사실 이 불가사의는 현대에 이르러서도 마찬가지야.

가령 '개'라는 단어의 뜻을 알기 위해 사전을 한번 펼쳐 볼까? '개 과의 포유류로 사람을 곧잘 따르고…'라는 설명이 쭉 적혀 있어. 하지만 그 설명이 곧 '개'라는 단어의 뜻이라고 단정하긴 힘들어. 왜냐면 그 설명에 나오는 여러 가지 단어들의 뜻을 다시 하나하나 설명하지 않으면 안 되기 때문이야. 개를 설명하고 있는 단어들을 차례차례 사전에서 찾아보면 설명에 대한 설명이 끝도 없이 이어지기 때문에 결코 '개'라는 단어, 그 뜻에는 도달하지 못하게 돼. 다시 말해 단어 또는 말의 의미는 사전이 정하고 있지 않다는 거지. 사전을 만드는 사람이라 하더라도 자기 마음대로 말의 의미를 정할 수는 없었겠지. 먼 옛날 사람도 아니고 오늘날 최신 사전을 만든 사람도 아니라면, 도대체 말의 의미는 누가 정했을까?

그런데 그것보다 더 불가사의한 게 또 있어. 사전 같은 걸 뒤지지 않고도, 누가 정했는지 몰라도, 너희들은 '개'라는 말의 의미를 정확히 알고 있다는 바로 이 사실이야. 어떤 특정한 동물을 보고 '개'라고 말하고, '개'라는 말을 듣고 또 어떤 특정한 동물을 생각하고 떠올릴 수 있는 한, 너희들은 '개'라는 말의 의미를 확실히 알고 있어. 너희들은 그런 건 너무 당연하다고 생각하겠지. 하지만 사유하면 할수록 불가사의한 일이야.

어째서 그 말은 그 의미일까? 어떤 말이라도 좋으니 하나를 골라서 자기 안에서 천천히 음미해 봐. '어쨌든 그 말은 그 의미일 뿐이야' 라고 말하고 싶어질걸? 왜 그럴까?

'말의 의미는 어디에 있을까?' 이것에 대해 한번 사유해 보자.

지금 '개' 라는 말이 여기에 적혀 있어. 이 말을 보고, 너희들은 분명 그 동물을 떠올리겠지. 그런데 여기서 문득 어떤 사실을 깨닫게 돼. 그 동물이 눈앞에는 없다는 사실. 만지고 쓰다듬을 수 있는 그 동물은 눈앞 어디에도 없는데 누구나 개라는 동물을 떠올리고 있어.

듣고 보니 이것도 참 당연한 이야기라는 생각이 들지? 그런데 이 이야기는 어떤 눈에 보이는 사물을 뜻하는 말이라도, 그 '의미' 는 결코 눈에 보이는 사물이 아니라는 사실을 알게 해 주지. "아니, 나는 눈앞에 개 모습을 선명하게 떠올릴 수 있어." 하고 말하는 사람도 있을 거야. 설사 그렇다 하더라도 그 개의 모습을 손으로 만질 수는 없잖아? 다시 말하면, 말의 의미는 눈에 보이고 손으로 만질 수 있는 이 현실 세계에는 존재하고 있지 않다는 거야. '의미' 라는 건 다른 세계에 존재하지. 그런데 다른 세계란 게 도대체 뭐지? 그런 세계가 도대체 어디 있지?

그러고 보니 모든 게 말로, 이야기로 되어 있네. 너희들은 책을 읽을 때, 특히 재미있는 소설을 정신없이 읽을 때면, 현실에는 존재하지 않는 인물이나 본 적도 없는 동물이 마치 눈앞에 있는 듯 느끼곤 하지. 말이란 현실 속에 존재하는 사물뿐만 아니라 현실에 존재하지 않는 사물까지도 표현할 수 있어. 과거와 현재, 미래, 다른 별이나 우주에 대한 것까지도. 말에는 왠지 그런 불가사의한 힘이 있어.

"하지만 그건 책 속에만 있는 이야기잖아. 현실과 소설은 달라." 하고 갑자기 정신차렸다는 듯 말하는 너희들, 조금 전까지의 논쟁을 다시 한번 사유해 보기로 하자. 눈에 보이고 손으로 만질 수 있는 현실의 동물을 뜻하는 '개'라는 말의 뜻이, 눈에 보이고 손으로 만질 수 있는 게 아니라는 이 불가사의에 대해서 말이지.

어째서 현실에 존재하지 않는 '의미'라는 것으로 현실에 존재하는 '사물'을 말할 수 있을까? 또 어째서 현실에 존재하는 말이 현실에는 없는 세계도 말할 수 있을까? 아니, 그 '현실'이란 도대체 뭘까?

수수께끼의 핵심은 '그 말은 그 말만 뜻한다'라는 데 있어. 너희들은 '개'라는 한 단어로 너희들이 키우는 개에서부터 다른 별에 살고 있을지도 모를 개까지 다 표현할 수 있어. 하지만 그렇게 온갖 종류의 개에 대해 말할 수는 있어도 어디까지나 절대적으로 개라는 것만 말하고 있는 거야. 늑대를 말할 때는 '늑대'라고 말해야만 해. 너희들이 말하는 '개'라는 단어를 듣고, 사람들은 언젠가 물린 기억이 있는 개부터 로봇 개까지 떠올리겠지만 그것도 역시 절대적으로 개에 관한 것만 떠올리게 되는 거지.

말은 그 말이 뜻하지 않는 다른 걸 뜻하지는 않아. 그 말로 떠올리는 이미지는 사람마다 다르겠지만 '의미'만은 절대적으로 공통된 거지. 그래서 사람과 사람이 이야기를 나눌 수도 있고, 상대방이 내 말을 이해하지 못하는지도 알아챌 수 있어. 만약 말의 의미가 서로 통하지 않으면 어떻게 사람과 사람이 이야기를 나눌 수 있겠어? 너희들 말을 알아듣지 못한다고 엄마와 다툴 일도 없어지겠지?

그런데 말이지, 또 궁금한 게 생기네. 사람은 모두가 다 다른데, 이 절대적으로 통하는 의미를 어떻게 모두가 다 같이 알 수 있었을까?

세상에 존재하는 사물에는 이름이 있고 사람은 당연히 그 이름으로 사물을 부르고 있지만, 사물과 이름의 관계는 생각처럼 그리 단순하지 않다는 걸 우리는 어렴풋이 알아.

이 점은 사물의 이름, 그러니까 뭔가 눈에 보이는 사물뿐만 아니라 눈에 보이지 않는 걸 말하는 경우도 마찬가지야. 눈에 보이지 않는 것이란 생각이나 느낌, 사유 같은 걸 말해.

생각이나 느낌, 사유가 눈에 보이지 않는다니, 너무 당연한 사실이라 새삼스런 기분이 들지 모르겠네. 하지만 앞으로 다양한 것들을 사유할 때 무척 중요한 부분이니까 늘 주의를 기울였으면 좋겠어. 그렇지만 그리 어려운 일은 아니야. 예를 들어 너희들이 뭔가를 생각하고 있다가 그대로 눈을 감아도 그 생각은 여전히 그곳에 있어. 그러니 생각은 눈에 보이는 무엇이 아니지. 단지 생각일 뿐인 거지. 너무 당연한가? 하지만 자꾸 말하지만 당연한 것에 관심을 기울이는 것, 그것만으로도 대단한 일이야.

사유하기 위해서는 무엇보다 먼저 당연한 걸 그냥 넘기지 않도록 해야 해. 다양한 지식을 외우는 것도 중요하지만 더 중요한 건 당연한 것에 주의를 기울이는 거야. 그리고 공부는 잘 못하더라도 사유는 누구나 잘 할 수 있으니까, 공부가 잘 안 돼서 고민하는 친구들도 자신감을 갖고 사유하도록 하자.

　자, 눈에 보이는 물질의 이름이 아니라, 눈에는 보이지 않는 뭔가를 표현하는 말에 대해 계속 사유해 볼까?

　우선 형용사를 떠올리면 좀 쉬울 것 같군. '아름답다' '상쾌하다' '옳다' 같은 형용사는 다른 명사를 꾸며서 어떤 생각이나 느낌, 사유를 표현하는 역할을 하지. '아름다운 꽃' '상쾌한 목소리' '옳은 생각' 처럼. 그런데 형용사 자체를 명사로 바꿀 수도 있어. '아름다움' '상쾌함' '옳음' 처럼. 이것도 어떤 상황을 일컫는 말로, 그 상황 자체는 결코 눈에 보이지 않아. 이 사실을 좀 더 곰곰이 사유해 보자.

　눈앞에 보이는 꽃을 보고 너희들은 '아름다운 꽃' 이라고 말하지. 어째서 그렇게 말할 수 있는 걸까? '색깔이 아름다워서' '모양이 아름다우니까' 여러 가지 이유를 들 수 있을 거야. 그렇다면 그 색이나 모양을 '아름답다' 고 말할 수 있는 건 어째서일까?

　'그 색깔이나 모양이 아름다우니까' 라고 말하고 싶겠지? 조금만 더 깊게 사유하자. 만약에 너희들이 '아름답다' 는 말의 의미를 모르고 있었다면 꽃의 색깔이나 모양을 봐도 '아름답다' 고 말하지는 않았을 거야. 너희들이 '아름답다' 는 말의 의미를 먼저 알고 있었기 때문에 그 색깔이나 모양을 보고 '아름답다' 고 할 수 있는 거지. 다시 말하면 '아름답다' 는 말의 의미는 눈에 보이는 색깔이나 모양과는 별개로 그 자체는 눈에 보이지 않아.

이상하게 들릴지 모르지만, 이번에는 천천히 자기 자신을 관찰해 보자. '아름다운 것' 이라는 말을 들으면 너희들은 아름다운 꽃이나 아름다운 경치, 아름다운 음악 같은 걸 떠올릴 수 있어. 그렇다면 거기서 꽃, 경치, 음악을 빼고 '아름다운' 만을 떠올려 보자. 할 수 있니? '아름다움' 그것만을, 보이거나 들리는 무엇으로 떠올릴 수 있을까?

불가능하지. 그건 절대로 떠올릴 수 없어. 눈에 보이고 귀에 들리는 아름다운 뭔가를 아름다운 것이라고 하는, '아름답다' 는 그 말의 의미는 결코 보이지도 들리지도 않아. 보이거나 들리는 것과는 다른, 뭔가 별개의 것이지. 또 별개의 것이라고 하지만 따로 있지도 않아. 아름다운 꽃에서 아름다움만을 빼낼 수도, 다시 덧붙일 수도 없으니까 말이야. 그렇다면 보이지도 들리지도 않는 이 아름답다는 '의미' 는 도대체 어디에 있는 걸까?

'아름답다' 는 낱말 하나를 가만히 바라보자. 꽃이나 풍경이나 음악을 아름다운 것으로 꾸미고 있는, 이 '아름답다' 는 말 자체는 너희들에게 어떤 느낌을 주니? 꽃이나 풍경, 음악을 떠올리지 않아도 '아름답다' 의 의미는 확실히 그 말 자체에 있어. "아름답다는 것은… 아무튼 아름답다는 거야, 아름답다고 느끼는 것, 바로 그거야!” 하고 외치고 싶어지지. 그렇다면 아름답다는 느낌과 아름답다는 의미, 둘 가운데 어느 쪽이 먼저 있었던 걸까? 아름답다는 말은 아름답다는 느낌에 붙여진 이름일까? 이름과 상황, 어느 쪽이 먼저일까?

사전을 펼쳐 보더라도 ‘아름답다’ 라는 항목에는 ‘마음에 좋은 느낌을 자아낼 만큼 곱다’ 라고 나와 있어. 그 다음으로 곱다를 펼쳐 보면 ‘보기에 듣기에 아름답다’ 라고 되어 있지. 그 어느 것도 답이 되지 않아. 하지만 모든 사람들은 ‘아름답다’ 란 ‘아름다운 것’ 을 의미한다고 정확하게 알고 있어. 꽃이나 풍경, 음악은 제각각 다 다른 아름다움이 있지만, ‘아름답다’ 는 말로 일컬어지는 그 뭔가가 그들 모두에게 있다는 거지.

그런데 나는 아름답다고 하지만 다른 사람은 그렇지 않다고 하는 경우도 꽤 많을 거야. 그래서 “뭔가를 아름답다고 하는 건, 사람마다 다 다르지 않을까?” 하는 질문도 나오게 되지.

물론 그건 사람들마다 다 달라. 너희들이 ‘아름다운 꽃’ 이라고 좋아하는 꽃을 두고 다른 사람들은 ‘보기 싫은 꽃’ 이라고 말하기도 해. 취향이나 보는 방식은 사람마다 다 다르기 때문이지. 하지만 지금 하는 논쟁은 그걸 말하고 있는 게 아니야. 너희들이 ‘아름답다’ 고 하는 것에 대해 다른 사람들이 ‘아름답지 않다’ 고 할 수 있다는 건, 너희들이 말하는 ‘아름답다’ 는 말의 의미가 분명히 그 사람에게도 통하고 있다는 뜻이지. 통하고 있기 때문에 반대할 수도 있는 거야. 역시 두 사람 모두 ‘아름답다’ 라는 말은 ‘아름답다’ 를 의미한다는 걸 확실히 알고 있는 셈이니까. 그건 왜일까? 우리가 지금 문제 삼고 있는 건 바로 그

거야.

 ‘옳다’의 경우를 사유해 보자. ‘아름답다’는 눈에 보이는 뭔가를 꾸미는 경우가 많지만 ‘옳다’는 눈에 보이지 않는 걸 꾸미는 일이 많아. ‘옳은 생각’ ‘옳은 계산’이라고는 해도 ‘옳은 꽃’ ‘옳은 경치’라고는 말하지 않지. 하지만 상황은 역시 마찬가지야.

 누구에게나 옳은 것이 ‘옳다’라는 것의 참된 뜻이라고 앞의 ‘사유하기’ 장에서 알게 되었지. 그건 ‘옳다’라는 말이 처음부터 사람들마다 다 다른 옳음을 뜻하지 않기 때문에 그래. 무엇을 옳다고 생각하는지는 사람들마다 다 다르겠지만 ‘옳음 그 자체’는 모든 사람에게 통하는 거야. 이것은 ‘개’라는 말에서 사람들마다 다른 개를 떠올린다 하더라도 역시 그것이 개라는 사실에는 차이가 없는 것과 마찬가지지.

 이렇게 알고 보면 참 재미있지 않니? “세상에 옳은 건 없다니까!” 하고 말하는 사람도 있을 테지만, 그렇게 말하는 사람도 그 말을 하면서는 ‘옳다’는 말의 뜻은 확실히 알고 있는 거니까. ‘옳다’는 말이 뜻하는 어떤 사실을 분명히 알고 있는 거지. 하지만 어떻게 알고 있는 걸까? 불가사의한 건 여기서부터야.

 세상에는 이렇게 많은 사람이 있는데 말의 의미는 모든 사람들에게 공통적으로 단 한 가지뿐인 건 왜 그런 걸까? “그건 사람의 뇌나 유전자에 그런 식으로 입력되어 있기 때문이야.” 과학을 좋아하는 친구들이라면 이렇게 대답하겠지. 과학의 사유 방식에 대해서는 나중에 찬찬히 사유하기로 하고, 어쨌든 여기에서는 그 주장을 인정하기로 하자. 하지만 인정했다고 해도 그 말이 그 뜻인 것이 왜 그런지에 대해서는 답이 될 수 없다고 생각하지 않니?

뇌나 유전자에 입력되어 있기 때문이라고 해도, 그보다 먼저 그 말이 그 뜻이라는 걸 알고 있지 않으면 불가능하겠지. 그렇다면, 왜 그 말이 그 의미라는 걸 알고 있는 걸까? 어쨌든 나한테 그렇게 입력되어 있다고 한다면 도대체 누가 그렇게 입력한 걸까?

너희들은 말이 내 안에 있다고 생각하니? 내가 말하고, 내가 글로 적고 있는 한에는 말이 내 안에 있다고 말하고 싶어질 거야. 하지만 말의 뜻을 정한 건 너희들이 아니잖아. 누군지도 모르지. 더욱이 먼 옛날부터 그런 것 같고. 그렇다고 한다면 말은 내 밖에 있는 것이군. 말이라고 하는 건 '내 안에 있는 동시에 내 밖에 있는' 그런 불가사의한 존재야. 그렇다고 한다면 이 '나' 라고 하는 건 도대체 뭘까? 너희들이 평소에 생각하고 있을 정도로 확실한 무엇일까?

"그건 어차피 말일 뿐, 현실이 아니야." 이런 말버릇이 있는 어른은 별로 믿을 만한 사람이 못 돼. 그런 사람은, 말보다는 현실이 먼저고, 현실이란 눈에 보이는 무엇이라는 통념에 빠져서, 말이야말로 현실을 만들고 있다는 진실을 모르는 사람이지. 너희들도 이미 알고 있겠지? 눈에 보이는 뭔가는 눈에 보이지 않는 의미가 없다면 없는 거고, 눈에 보이지 않는 뭔가도 눈에 보이지 않는 의미가 없다면 존재할 수 없다는 걸. '개' 란 말이 없다면 개는 없고, '아름답다' 는 말이 없다면 아름다운 뭔가는 없다는 걸 말이야. 그러니 말이 없으면 어떻게 현실 같은 게 있다고 할 수 있겠니?

그렇기 때문에 말을 소중히 여기는 게 나를 소중히 여기는 거야.

만약 '아름다움' 이나 '옳음' 같은 것이 어차피 말에 지나지 않는다고 생각하면서 산다고 해 봐. 그 사람은 평생 진실로 아름다운 것도 옳은 것도 알 수 없지 않을까? 그래서 눈에 보이는 것만이 현실이라는 생각에 빠져서 일생을 마친다면, 너무 허무한 인생이라고 생각하지 않니?

어떻게 해서 말이 존재하는 걸까, 다시 한번 곰곰이 사유해 보도록 하자. 무척 신비로운 느낌이 들기도 할 테고, 동시에 뭔지 모르겠지만 진심으로 잘 살아야지 하는 생각도 들 거야.

너희들은 '나는 나야' 라고 곧잘 생각하지. 내가 바로 나라는 사실을 아주 당연한 거라고 여길 테고. 그런데 그 '나' 는 과연 뭘까? 누가 이렇게 묻는다면 너희들은 뭐라고 대답할래?

"나라고 하는 건… 나지 뭐. 바로 이 '나' 를 말하는 거잖아." 하고 말하겠지.

음, 그런데 너희들이 그렇게 '나' 라고 하는 바로 그 '나' 라는 게 과연 뭐지?

"그러니까 그 내가 '나' 라니까. 김하늘이라는 이름의 중학교 3학년생!"

음, 그래. 확실히 김하늘이라는 이름을 가진 중학교 3학년생이군. 그런데, 그 김하늘이라는 이름의 중학교 3학년인 '나' 는 무엇일까?

"그러니까 김하늘이라는 이름의 중학교 3학년인 나는, 바로 이 몸이야. 이 몸이 나라고."

음, 김하늘이라는 이름의 중학교 3학년인 넌 확실히 그 몸으로 되어 있구나. 그래, 그러니까 "이 몸이 나야." 하고 말하는 그 '나' 가 과연 뭐냐고?

이렇게 물으면 너희들은 뭔가 새로운 걸 떠올릴지도 모르겠군. "그래. 나라고 하는 건 뇌를 말해. 이 뇌야말로 바로 나야. 이 뇌가 나를 나라고 말하고 있는 거라고!"

자, 과연 이건 정말일까? 요즘 세상에서 99퍼센트 사람들은 자신이 뇌로 존재한다고 생각하고 있겠지만 이걸 진실이라고 할 수 있을까? 설령 99퍼센트 사람들이 틀린 걸 진짜라고 생각한다 해도, 너희들은 단 혼자라도 진실을 알고 싶을 거야. 그렇지 않니? 누가 뭐라 해도 너희들은 앞으로 죽을 때까지 바로 그 '나' 로 살아 갈 텐데, 틀린 걸 나라고 생각하고 일생을 마친다면 얼마나 속상하겠니?

쉽게 떠올릴 수 있는 것부터 사유해 보자. 너희들은 그 언젠가 이 세상에 태어났어. 태어날 때 일은 기억하고 있지 않겠지. 내가 누구인지 같은 건 생각해 본 적도 없을 테고. 하지만 아마도 언젠가는 문득 깨닫기도 했을 거야. "아! 나구나!" 하고. 내가 이 나로 존재한다는 사실을. 특별히 깨달은 기억이 없는 사람도 있겠지만 그렇다 해도 역시 나로 있어 왔던 셈이지. '정신이 들고 보니 다른 사람이더라' 는 결코 있을 수 없어.

자꾸 이상한 말을 한다고 생각하겠지만, 이건 정말 두려울 정도로 신비로운 일이니까 한번 더 진지하게 사유해 보자.

실은 나로 존재한다는 걸 깨닫는 시기와 말을 시작하는 시기가 비

숫한 무렵이야. 사물이 아니라 말이 세계를 만들고 있다는 걸 '말'이라는 장에서 조금은 알게 됐지. 그리고 그 말을 하고 있는 건 바로 나여서, 세계를 만들고 있는 건 사실은 나인 셈이지. 아이가 말을 하기 시작했다는 건 세계를 만들기 시작했다는 뜻인 거지.

너무 빨라서 잘 모르겠어? 그럼 좀 천천히 생각하지 뭐.

아이들은 세상에 존재하는 사물에 이름이 있다는 걸 '멍멍' '붕붕' 하고 배우면서 알게 되고 기억하게 돼. 어른 말을 흉내도 내지. 그리고 언젠가부터 어른들이 자기를 가리키면서 '하늘'이라고 부르는 걸 듣고는 자기에게는 '하늘'이라는 이름이 있다는 걸 알게 되지. 자기는 '하늘'이고, 자기와 '하늘'은 같은 존재라고 생각하게 되지. 여기서 '나는 무엇인가'에 대해 첫 번째 오류를 범하게 되는 셈이야.

이 부분은 좀 더 신경 써서 보기로 하자. 그 이름을 배우기 전에 너희들은 단지 나는 나라고 생각하고 있었어. 아니 정확하게는 '그냥' 나였지. 그 '나로 존재한다'는 사실은 이름보다 더 먼저 존재하는 것으로, 이름이 아닌 다른 무엇, 아무것도 아닌 무엇이었던 셈이야. 이 사실을 느낌만으로라도 좋으니까 계속 잊지 않길 바래. 지금부터 평생 '나는 무엇인가?'를 사유할 때에는 반드시 바로 이 원점으로 다시 돌아와야 할 테니까.

어른들이 그러듯이 자기를 '하늘이'라고 부르기 시작한 하늘이는 어느 시기가 되면 '나'라는 대명사를 배우게 될 거야. "이제 자기를 가리킬 때는 '하늘이'라고 하지 말고 '나'라고 하세요." 하는 주의를 듣게 되지. 여기서 두 번째 오류가 생겨나. 이름을 배우기 전엔 아무것도 아니었는데, 이름을 알고부터는 자기가 그 이름으로 불리는 존재라고 생각했다가, 다음에는 그 이름으로 존재하는 자기가 '나' 라고 생각하게 돼. '나' 라고 하는 대명사가 곧 자기 자신이라고 생각하는 거지.

　좀 복잡해 보이겠지만 아무튼 아주 중요한 부분이니까 정확하게 이해해 보자. 더 진행시켜 보면,

　'나' 는 일인칭 대명사라고 문법에서 배웠어. 대명사는 사전에는 '이름 대신에 사람, 일, 장소 등을 가리키는 말' 이라고 나와 있어. '김하늘' 이라는 이름 대신에 자기를 가리키는 말이 '나' 라고 하는 거지. 곧, '나' 라는 말은 자기 자신을 가리키기 위한 대명사야. 이걸 달리 말하면 대명사 '나' 가 가리키는 '자기' 는, 대명사 '나' 보다도 먼저 있다는 게 되지. 그 자기 자신이야말로 이름도 아니고 대명사도 아닌, 자기 자신인 원래의 자기 자신이야. 자! 그건 과연 뭘까?

　"자기 자신은 자기 자신이지 자기 말고 무엇도 아니야." 너희들은 이렇게 말하고 싶겠지? 그 말이 맞아. 자기 자신은 자기 자신이지, 자기가 아닌 그 무엇도 아니야. 이름도 대명사도 아닌, 무엇도 아닌 무엇이지. 그렇지만 그 무엇도 아닌 무엇이 두말 할 것 없이 자기 자신이라는 걸 너희들은 잘 알아. 어떻게 알고 있는 걸까? 자기 자신이 자기 자신이라는 사실을 어떻게 알고 있을까?

　여러 가지를 배우기 전인 어린아이들은 이 불가사의한 느낌을 이해하고 있는 경우가 많은 것 같아. 안타깝게도 너희들은 십 년 넘게 살면서 이미 많은 것들을 배워 왔고 그만큼 많은 걸 기억하고 있기 때문에 그런 느낌을 떠올리는 일이 좀 어려울지도 몰라. 그렇다고 해도 아직 늦지 않았어.

주위를 한번 둘러보자고. 많은 어른들이 잘못된 사실을 머릿속에 집어넣은 채 딱딱하게 굳어져서 이런 이야기 따위는 전혀 관심 없다는 얼굴들을 하고 있잖아? 잘못된 사실들을 마구 집어넣다 보면 이름이 바로 자신이라는 생각에서부터 시작된 오류가 점점 확대되어 가는 법이야. 세상에 존재하는 사물에는 이름이 있어서 개나 자동차가 존재하는 방식과 마찬가지로 자기 자신이라는 무엇도 존재하고 있다고 생각해 버리고 말아. 하지만 이건 틀린 생각이야. 가만히 보자고, 이름이 곧 내가 아니잖아.

타인의 존재를 알게 되는 것도 이런 고정 관념을 뿌리내리게 하지. 사람들은 세상에 다른 사람이 존재하는 것과 마찬가지 방식으로 자기 자신도 어떤 사물처럼 존재한다고 생각해.

사람이 다른 사람을 타인이라고 생각하는 건 몸이 따로따로니까 그런 거야. 그렇지? 그리고 자기 자신이라고 하는 건 이 몸을 가리키는 것으로, 이 몸에 이 이름이 붙어 있는 거라고 세상 사람들 대부분은 그렇게 생각해. 그리고 그것을 '나' 라는 대명사로 생각하고 있지. 어린 시절에 배운 그런 생각에 빠진 채 어른이 되고 마는 거야. 결국 몸 가운데 특히 뇌라는 기관이 자기 자신이라고 과학 시간에 배운 그 통념에 빠져서 지금에 이른 거지. 하지만 반드시 그런 건 아니라는 사실을 너희들은 이미 알고 있겠지?

잘 생각해 봐. 좀 이상하다는 생각이 들지 않니? 만약에 뇌가 자기 자신이라고 한다면 그 뇌가 자기 자신이라고 어떻게 알 수 있을까? 그 뇌가 자기 자신이라는 걸 알기 위해서는 먼저 자기 자신이 자기 자신이라는 걸 알고 있어야 하지 않을까? 그러니까 자기 자신이 그 뇌라는 사실을 아는 자신은 도대체 뭘까?

‘자기 자신은 뭘까?’ 라는 물음의 정답을 과학은 ‘뇌’ 라고 말하지만 그 뇌로 존재하는 자기 자신은 뭘까, 그거야말로 이 물음이 찾고자 하는 점이기에 뇌가 자기 자신이라는 말은 조금도 정답이 될 수 없어.

물론 뇌라고 하는 기관, 어떤 물질 덩어리가 몸으로서의 나에게 아주 중요한 기관이라는 사실은 틀림없는 사실이야. 기억이나 지식을 저장하고, 사고나 판단을 하고, 크고 작은 운동을 맡아서 하는 것도 이 기관에서 하는 일이야. 그런 의미에서는 ‘내’ 가 뇌라고 하는 과학의 주장이 옳아. 하지만 나라고 하는 원래의 나는 이름이 붙여진 이 몸은 아니었어. 그러니까 역시 나를 뇌라고만 생각하는 건 그리 옳지 않아.

“나는 내가 몸이라고 생각하고 그렇게 느끼고 있어.” 이렇게 말하는 사람이 있을지도 모르겠다. 음, 논쟁이 차츰 핵심에 다가가고 있군. 이 문제는 사유하면 할수록 정말로 어려워. 십대인 너희들에게만 어려운 게 아니라 세상의 내로라하는 과학자들 누구에게나 그래. 사실 이 문제에 정답을 내놓은 사람은 아직까지 없어. 왜냐면 누군가가 ‘나는 무엇무엇이다’ 를 정답이라 주장해도 그 ‘나라고 하는 무엇’ 이 무엇인가라는 물음은 언제까지나 남기 때문이야.

몸과 마음과 나의 관계에 대해서는 나중에 다시 생각하기로 하자. 지금 너희들은 매우 혼란스럽겠지만 그래도 걱정하지마. ‘나는 무엇인가’ 를 올바르게 사유해 가다 보면 뭐가 뭔지 모르게 혼란스러운 게 당연하니까. “아, 알았어. 다시 말해서 ‘나는 무엇인가’ 같은 건 도대체가 알 수 없다는 말이네.” 만약 너희 중 누군가가 이렇게 말한다면 지금까지 우리가 주고받은 이야기를 잘 이해하지 못한 거야. 부디 바라건대 ‘모른다’고 느끼면 모르는 그것을 붙들고 끝까지 사유해 갔으면 해. ‘모른다’는 건 답이 아니라 물음의 출발이니까.

지금 이렇게 살고 있는 이 나란 ‘정말’ 무엇인지 알고 싶지 않니?

“그런 건 별로 알고 싶지도 않아.” 하고 말하는 삐딱이도 있겠구나. 만약 너희들이 생각하고 있는 것처럼 내 몸이 ‘나’라고 한다면 몸이 죽으면 너희들은 죽는 거야. 그런데 내가 내 몸이 아니라고 한다면 몸이 죽어도 나는 죽지 않는 게 되지. 어때? 이렇게 엄청난 차이가 있는데, 그래도 진실을 알고 싶지 않니?

죽는다는 건 뭘까?

소중하게 키우던 개가 죽었다든지, 친척 가운데 누군가가 죽었다든지, 그도 아니라면 영화나 만화 속에서라도 사람들이 죽는 걸 너희들은 자주 봐 왔을 거야. 그럴 경우 '어느 누가 죽었다' 고 사람들은 간단히 말하는데 그 '죽음' 이라는 게 도대체 뭘까? 한번쯤 사유해 본 적 있니?

보통 사람들이 '누가 죽었다' 고 말할 때는 우선 그 사람이 '움직이지 않게 되었다' 는 걸 뜻하지. 인간의 주검을 본 사람도 있고 아직 못 본 사람도 있겠지만 애완견이나 고양이, 금붕어 같은 동물의 사체를 본 적은 있을 거야. 그들이 '죽었다' 는 것 역시 마찬가지로 '움직이지 않게 되었다' 는 거지. 바로 조금 전까지만 해도 씩씩하게 달리기도 하고 뛰기도 했는데 이제는 전혀 움직이지 않아. 불러도 뛰어오지 않고 놀려도 화내지 않아. 무엇보다 배고플 때가 지나도 밥을 먹으려고 하지 않지. 움직임이 없어졌어. 이것이 살아 있을 때와는 다른 점이야.

그렇다면 이 '움직이지 않게 되었다' 는 사실을 깊이 사유해 보기로 하자. 과연 무엇이 움직이지 않게 된 걸까? 우선 몸이 차가워진 건 심장이 움직이지 않게 되었기 때문이지. 또 숨을 쉬지 않는 건 폐가 움직이지 않기 때문에 그렇고. 입을 열지 않게 된 건 뇌가 움직이지 않기 때문이야. 그러니까 '움직이지 않게 되었다' 는 건 무엇인가가 움직이지 않게 되었다는 뜻이야. 그 '무엇' 은 심장이나 폐나 뇌, 다시 말하면 눈에 보이는 무엇을 가리키고 있어. 그러니까 눈에 보이는 뭔가의 집합체인 몸이 더 이상 움직이지 않게 된 걸 보고 '죽었다' 고 말하고 있는 셈이야. 그리고 그것을 '주검' 이라고 부르지.

그런데 여기서 주의할 게 있어. 움직이지 않게 된 몸, 주검의 어디에 죽음이 있는 걸까? 주검에서 죽음을 빼내서 볼 수 있을까? 음, 그렇지. 움직이지 않게 된 심장을 꺼내어 볼 수는 있겠다. 그런데 그건 어디까지나 움직이지 않게 된 심장일 뿐이고 그것 자체가 죽음은 아니지. 자, 과연 움직이지 않게 된 심장에서 죽음을 끄집어 내 볼 수 있을까?

또 이상야릇한 소리를 한다고 생각하니? 그런데 이건 아주 중요한 거니까 분명히 인식하고 넘어가자. 주검에서 죽음을 끄집어 내 보일 수 없다는 사실은 주검은 볼 수 있지만 죽음은 볼 수 없다는 사실을 말해. 이건 다시 말하면 주검과 죽음은 같지 않다는 걸 증명하고 있지. 주검과 죽음은 같은 거라고, 세상 대부분의 사람들은 굳게 믿고 있지만 전혀 사실이 아니야.

모두가 당연히 그렇다고 생각해 온 것들이 사실은 완전히 틀릴 수도 있다는 걸, 너희들도 사유하기만 하면 틀림없이 알 수 있을 거야.

여기서 다시 한번 정리해 보자. 그러니까 '누가 죽었다' 라는 말의 정확한 표현은 '누구의 몸이 죽었다' 가 되는 거지. 누구의 몸, 눈에 보이는 물체인 몸이 움직이지 않게 된 걸 '죽었다' 라고 하는 거지. 그런데 이렇게 말하고 보니 뭔가 한 가지 석연치 않은 점이 있어. 누구의 '몸' 이 죽었다는 건 분명히 인정할 수 있는데 그럼, 그 '누구' 는 어떻게 된 거지?

"'누구' 는 없어진 거야." 단순한 너희들이라면 이렇게 말하겠지. "'누가 죽었다' 는 건 다시 말하면 '누구의 몸은 움직이지 않게 되었고, 누구는 없어졌다는 거야.'"

그런데 정말 그럴까? 누구는 정말로 없어져 버린 걸까? 물론 분명히 바로 그 전까지 그곳에 있어서 함께 이야기도 나누고 웃기도 하던 누구는 이제 없어. 볼 수도 만질 수도 없어. 하지만 그게 정말로 누구가 '없어졌다' 는 걸까?

여기까지는 '누가 죽었다' 라는 것에 대해 사유해 왔어. 다시 말하면 '다른 누군가가 죽었다' 에 대해서 사유한 거야. 이제는 '내가 죽었다' 를 가지고 죽음에 대해 사유해 보자. 그러니까 어느 누구인 자기 자신, 다시 말하면 '누구누구인 내가 죽었다' 에 대해서 말이지.

조금만 사유하면 눈치를 채지 않았을까? 그러니까 다른 사람들에겐 누구가 죽어서 없어졌다 해도, 그 누구가 정말 없어졌는지 어떤지, 누구가 아닌 다른 사람이 어떻게 말할 수 있을까? 눈에 보이는 존재인 주검은 태우면 사라지지. 그렇다면 눈에 보이지 않는 것들은 어떻게 된 걸까? 사람들의 생각이나 느낌이나 사유처럼 눈에 보이지 않는 것들을 다 모아 '마음'이라고 한다면, 눈에 보이지 않는 마음으로서의 누구는 어떻게 된 걸까? 눈에 보이지 않는 게 없어졌는지 그대로 있는지, 도대체 눈에 보이지도 않는데 어떻게 알까?

이제 타인의 입장에서 본 나의 죽음이 아니라, 내 입장에서 본 나의 죽음을 한번 사유해 보자.

사람들은 누구나 자신도 언젠가는 죽는다고 생각하고 있지. 다른 사람이 죽는 걸 보고 언젠가는 자신도 죽는다고 생각해. 그런데 다들 '나도 죽는다'고 하는데, 바로 이 점을 우리는 아주 진지하게 사유할 필요가 있어. 도대체 이 '내가 죽는다'는 건 어떤 걸까?

죽으면 심장이나 폐, 뇌가 움직이지 않게 되고, 내 몸의 모든 게 '없어진다', 이렇게 생각할 수 있어. 그런데 그렇게 생각하고 있는 이 내가 '없어진다'는 걸 어떻게 사유할 수 있을까? '내가 없다'는 걸 내가 사유하는 게 과연 가능할까?

가능하다고 말하는 너희들, 자! 다 같이 사유해 보자.

'내가 없다'를

사유해 보자.

사유하자.

사유하고 있다.

사유하고 있는 내가 있다.

사유하고 있는 내가 있다고 사유하는 내가 있다.

내가 있다.

내가 있다.

어디까지 사유해 가도 내가 있다.

어? 이상하지. 너희들은 '내가 없다' 는 걸 사유할 예정이었는데 '내가 없다' 를 사유하려 하니 '내가 있다' 는 걸 깨닫는 결과가 되어 버리고 말았어. 자기 자신에 대해서 사유하고 있는 그 지점에는 반드시 사유하고 있는 자기 자신이 있기 때문이야. '내가 없다' 고 사유하고 있는 그 지점조차도, 그걸 사유하고 있는 내가 있기 때문이야. 내가 사유하고 있는 한에는 '내가 없다' 는 절대로 사유할 수 없는 거지. 그렇다면 사람들은 '내가 죽는다' 를 흔히 '내가 없어진다' 고도 하는데, 이건 도대체 무슨 말일까? '내가 없다' 는 절대로 사유할 수 없는데, 왜 사람은 자신이 죽는다고 생각하고 있는 걸까?

바꿔서 한번 사유해 보자. 만약 내가 없다고 한다면 거기에는 내가 없기 때문에 '내가 없다' 고 사유하고 있는 나도 없을 거야. 그러니 역시 '내가 없다' 는 건 내가 사유할 수 없는 게 되지. '내가 없다' 를 사유할 수 없다는 건 어쩌면 '내가 죽었다' 도 없고, 그러니 '나는 죽지 않는다' 라고 할 수 있지 않을까?

하지만 다시 조금 바꿔서 사유해 보기로 하자. 만약에 자기 자신이 죽지 않는다고 한다면 어떻게 이렇게 태어났을까? 그리고 또 어떻게 어느 누구인 타인은 반드시 죽는 걸까? 역시 '죽는다' 는 건 존재하는 게 아닐까? '죽는다' 는 건 정말로 뭘까? 사람이 태어나서 죽는다는 건 도대체 무슨 일일까?

생과 사의 수수께끼는, 실은 '있다' 와 '없다' 라는 수수께끼야. 사람들은 '죽음' 을 표현하기를 '무(無 없다)로 돌아간다' 고 말하지. 그런데 이건 정말로 이상하지 않니? '무' 는 '없다' 라는 말이잖아. 무, 없비 오고 무지개 뜬다.
삶과 죽음의 경계는 어디일까?

으니까 무라고 하겠지. 그렇다면 죽음은 어떻게 되지? '죽음(없다, 無)'이 '있다' 라니 말이야. 그렇게 죽음이 '있다' 면 그 죽음은 도대체 어디에 있을까? 죽음이란 과연 뭘까?

사람들은 대부분 죽음을 두려워하지. 죽어 버리면 모든 게 없어져 버리지 않을까 하면서. 하지만 '모든 게 없다' 는 없어. 왜냐고? '없다' 는 '없기' 때문이지. 그런데 사람들은 왜 '없는' 것을 두려워할까? 실체도 없는 뭔가를 두려워하면서 살다니, 뭔가 이상하다고 생각하지 않니?

또 사람들은 죽어 버리고 싶은 기분이 들 때도 있어. 죽으면 뭐든 없어져서 시원해질 텐데 하고. 하지만 역시 그것도 '없다' 야. 아무리 죽는다 해도 '없다' 는 없으니까.

사람들은 또 누군가를 죽이고 싶다, 죽여 버리고 싶은 기분이 들었 다고들 그러지. 그런데 만약 사람을 죽여도 사실은 그 사람이 없어지 지 않는 거라면 어떨까? 그거야말로 정말 무서운 일일지도 몰라.

음, 내 이야기를 들으면서 무슨 말인지 어렵긴 해도 죽음이 뭔지 제 대로 모르고 있다는 사실을 깨달았지? 그건 당연해. 그래, 너희들은 살아 있으니까! 살아 있는 사람이 죽음을 모르는 건 당연해. 그런데 세상 사람들 대부분은 이 알지 못하는 죽음을 알고 있다고 생각하면 서 살고 있어.

자, 죽음을 모른다고 한다면, 누구든지 알고 있다고 생각하는 '살아 있다' 는 도대체 뭐지? 자기 스스로 한번 사유해 보렴. 당연한 걸 사유 하는 일보다 더 재미있는 일은 없으니까.

혹시 '나는 누구인가' 라는 장을 읽고 '나를 몸이라고 생각하는 건 틀렸어' 라고 생각해 버리지는 않았겠지?

그래, 이 몸으로 존재하고 있는 바로 이 내가 무엇인지를 묻는다면, 분명히 자기 자신과 몸이 일치하지는 않아. 그런데 뭔가에 몸이 부딪히면 왜 아프지? 만약 자기 자신이 이 몸이 아니라면 통증 같은 걸 느낄 턱이 없지 않을까? 그렇게 아픔을 느끼는 건 과연 누굴까? 역시 자기 자신 말고는 없겠지. 자기 자신이란 역시 이 몸을 가리키는 건 아닐까? 부딪히면 아프고 언젠가는 반드시 죽는 바로 이 몸이 아닐까?

문득 깨닫고 보니 너희들은 자기 자신이었어. 그리고 그 자기 자신은 무슨 영문인지 몸으로 되어 있었지. 이 몸으로 존재하는 자기 자신이 무엇인지 사유해 갈수록 자기 자신이 이 몸이라고 하는 사실은 사라져 버려. 그런데 또 무슨 영문인지 바로 그 자기 자신을 이 몸이라고 해. 어째서 그럴까?

"내가 지금 이 몸인 이유는 바로 지금의 내 부모님한테서 태어났기 때문이야." 하고 너희들은 말하겠지. 아니, 너희들뿐만 아니라 세상 사람들 대부분이 그렇게 생각하고 있어. 하지만 그 말은 절반만 옳아. 왜냐면 너희들을 그 몸으로 태어나도록 한 부모는 너희들이 태어나기 전에는 '너희들의' 부모는 아니었으니까. 너희들이 태어났기 때문에 '너희들의 부모'가 되었을 따름이지. 그러니까 너희들의 몸을 제외한 나머지 부분은 너희 부모한테서 비롯된 게 아닌 셈이지.

음, 너희 부모에게서 태어난 것이 아닌 너희들이, 너희 부모에게서 태어난 그 몸으로 존재한다는 게 뭘까 하는 것이 이 장에서 다룰 문제야. 대단히 어려운 주제지.

도대체 몸이란 무엇일까?

너희들 때는 한창 다른 사람 시선에 신경 쓰면서 남자든 여자든 멋부리고 화장하느라 정신이 없을지도 몰라. 날마다 거울 앞에 서서 좀 더 키가 컸으면, 눈이 조금만 더 컸으면 하고 한숨짓기도 할 테고. 또 때로는 얼굴이 마음에 들지 않는다고 부모를 탓하며 불평을 늘어 놓고 있을지도 모르지. 하지만 키가 작은 건 너희들 부모 탓이 아니야. 생각해 봐, 너희들이 태어나기 전에 부모님은 너희 부모가 아니었잖아. 그분들을 탓하는 건 전혀 방향이 틀린 거지. 비록 부모라 해도 너희가 자기 자식으로 태어나리라고는 상상도 못했을 테니까.

너희들은 그렇게 멋부리고 화장해서 꾸미거나 변화시킬 수 있는 몸, 그러니까 앞에 있는 거울에 비친 몸을 자기 몸이라고 생각하고 있겠지. 자꾸 다른 사람이 어떻게 볼지 신경 쓰이는 것도 바로 그 몸이어서 그래. 그런데 그 몸은 겉보기로서의 몸인 셈이야. 자기 자신인 그 몸은 밖에서 본 몸이지.

이것과 달리 자기 자신인 몸을 안쪽에서 보는 몸이 있어. 음, 어쩌면 '본다' 는 건 좀 어울리지 않는 말일 수도 있겠다. 몸 안쪽에는 눈이 달려 있지 않으니 '느낀다' 고 하는 편이 훨씬 가깝지 않을까 싶어. 어쨌든, 뭔가에 꽝하고 부딪히면 아프게 느껴지는 부분, 바로 그런 몸을 말해. 몸 어딘가가 아프면 다른 사람은 몰라도 나는 알지. 거울에 비춰지지도 않고, 또 아무에게도 보이지 않지만 나만은 확실히 알고 있어. 바로 그 몸, 안쪽에서 느끼는 몸에 관한 한 사람들은 대부분 무관심해. 자기 자신만이 느끼는 그 몸에는 거의 신경을 쓰지 않고, 다른 사람들에게 보이는 몸에만 신경을 써지.

그렇게 당연히 내버려 두었던 그 몸에 한번쯤 관심을 기울여 보면 어떨까. 자기 자신만이 느끼는 몸이 하루도 쉬지 않고 되풀이하는 일들, 엄청난 일로 느껴지지 않니?

숨쉬기 하나를 들어 사유해 봐도 알 수 있어. 너희들은 보통 별 뜻 없이 '내가 숨을 쉰다' 고 말해. 하지만 가만 들여다보면 숨쉬기는 '자, 숨쉬자!' 하고 마음을 먹어서 하는 것도 아니고, 하고 싶지 않다고 해서 안 할 수 있는 일도 아니야. 다시 말하면 숨쉬기는 너희들의 의지와는 전혀 상관없이 이루어지고 있지. 그렇다면 우리가 흔히 '내가 숨을 쉰다' 고 하는 그 말이 틀린 걸까? 먹는 것만 해도 그래. 먹고 소화하고 배설하기까지 모든 과정을 하나하나 점검해 보자. 그 중에 너희들이 이렇게 할까 저렇게 할까 생각해서 하는 게 단 한 가지라도 있니? 복잡한 소화효소 가운데 단 한 가지 성분이라도 너희들이 만들었다고 할 수 있는 게 있을까?

　너희들은 스스로 숨을 쉬고 또 스스로 음식을 먹어서, 그 덕분에 자기가 살아 있다고 생각하지. 하지만 숨쉬기나 소화, 그 어느 것도 너희들이 신경 써서 하는 게 아니야. 그냥 아주 당연히 저절로 이루어지고 있는 거지. 그런 의미에서 이 몸은 너희들의 의지로 살고 있다고 하기는 힘들어. 자, 그렇다면 누가 이 몸을 움직여서 나는 이렇게 살고 있을까?

　사람들은 산과 들에서 볼 수 있는 여러 사물들을 두고서 자연이라고 해. 예를 들면 산과 들에 살고 있는 풀이나 꽃, 곤충 같은 것들을 말이야. 특히 현대 도시 생활에서는 그와 같은 자연을 찾아보기가 어려워. 자연이란 사람들이 북적거리며 생활하는 데서 멀리 떨어진 곳까지 가야만 찾을 수 있다고 여겨. 그런데 사실은 그렇지 않아. 사람들은 가장 가까이 있는 자연을 잊고 있을 뿐이야.

　가장 가까운 자연은 과연 뭘까? 그건 바로 내 '몸' 이야. 어떻게 몸이 자연이냐고? 몸은 자연이 만들었기 때문이지. 그보다 적절한 답이 있을까? 너희로 살고 있는 그 몸, 그 생명을 너희들이 만들었다고 할 수 있어? "네가 누구 덕분에 이 세상에 나왔다고 생각해?" 하고 어머니에게 야단맞은 적이 있을지 모르겠다. 그럴 때 "그럼 엄마 때문에 내가 이 세상에 나왔다고 생각해요?" 하고 다시 되물어 보자. 하긴 곱절로 야단을 맞겠지만….

　다시 정리해 보면, 현대인은 '몸은 자연이 만들었고, 그 자체가 자연' 이라는 사실을 잊고 있어. 당연히 몸은 자기 것으로, 자기 의지로 좌지우지할 수 있고, 또 그렇게 해도 좋은 거라고 생각하지. 자연이 만들었고 그 자체가 자연인 몸은 새까맣게 잊은 채, 겉으로 보이는 몸만을 몸이라고 생각하게 된 거지.

물론 몸을 내 마음 먹은 대로 할 수 있다는 말은 어떤 의미에서는 옳은 말이야. 가령 오른손을 뻗어 빵을 집으려고 한다면 그것은 틀림없이 자기 의지가 그렇게 하도록 했기 때문이지. 뇌가 '팔을 뻗으시오' 하고 지령을 내리고, 어깨 근육에서 팔 근육에 이르는 신경이 뇌의 신호를 전달한다는 설명도 충분히 가능한 이야기야. 하지만 다시 한번 곰곰이 생각해 보자! 만약에 우리 몸 전체가 뇌가 시키는 대로 움직이는 거라고 한다면, 그 뇌는 누가 만들었을까? 뇌야말로 바로 '나'라고 한다면, 그 뇌를 만든 것도 나인 걸까?

뇌를 만든 건 당연히 자연이야. 이 사실 하나만 생각해도 불가사의를 향해 떠나는 머나먼 여행길이 될 테니 이 화제는 다음으로 돌리기로 하자. 지금은 자연물인 몸으로 살고 있는 너희들이 과연 누구인지에 대해서만 사유하도록 하고. 또 몸이 바로 '너희들'인지, 아니면 '너희들의 것'인지도 함께….

숨쉬기에서 보이는 정확한 규칙성이나 복잡한 소화 과정, 게다가 온몸을 구성하는 몇 십 조의 세포 하나하나가 한 치의 오차도 없이 작동하고 있다는 데 생각이 미치면, 몸이라고 하는 게 자기 자신이기도 하고 한편으로는 자기 자신이 아닌 듯도 한 신비로운 기분이 들어. 사람들은 건강할 때는 몸이 자기 것이라고 여겨. 먹고 싶은 건 뭐든지 먹을 수 있고, 가고 싶은 데가 있으면 어디든 갈 수 있어서, 몸은 자기가 생각하는 대로 작동한다고 생각하기 십상이지. 하지만 병이라도 들면 그때서야 깨닫게 돼. 자기 몸이 자기가 생각하는 대로 움직이지는 않는 거로구나 하고. 또 몸이라는 게 그냥 단순히 자기 자신은 아닌 듯하다고.

'눈에 보이는 무엇과 눈에 보이지 않는 무엇'이라고 하는 그 사유 방식을 여기서 응용해 보기로 하자. 꾸미거나 만질 수 있는 겉으로 보이는 몸은 눈에 보이는 무엇이야. 곧 물질인 몸이지. 외과수술을 받는 것도 이 몸이고, 해부해서 보는 내장도 이 몸이야. 이와 달리 안에서 느끼는 몸은 눈에는 보이지 않아. 내장이 움직이면서 작동하고 있는 모습은 해부하면 볼 수 있겠지만, 작동하고 있는 느낌은 역시 눈에 보이는 뭔가는 아니지. 컨디션이 좋다 나쁘다 하는 느낌도 마찬가지야. 또 뭔가에 부딪히면 아픈데, 아픔 그 자체도 결코 눈에 보이는 무엇은 아니지. 이것들은 단지 느낄 수밖에 없어. 이와 같이 몸은 보이면서도 보이지 않는다는 불가사의한 이중의 존재 방식을 하고 있어. '나는 ~ 이다'라는 수수께끼도 왠지 이쯤에 있는 듯해.

생각이나 느낌이나 사유는 눈에 보이지 않아. 우리는 그것을 '마음'이라고 부르지. 그렇다면 눈에는 보이지 않는 몸이란 사실은 마음을 가리키고 있는 게 아닐까? 예를 들어 병이 들어서 기분이 나쁜데, 기분이 나쁜 게 몸인지 마음인지 잘 모르겠지. 원래 그런 걸 딱 부러지게 나눌 수 있는 게 아니니까. 보이는 쪽으로 보면 몸이고, 보이지 않는 쪽으로 보면 마음이란 말이지. 마음과 몸은 각각 다른 두 종류의 뭔가가 뇌 어딘가에 찰싹 붙어 있는 게 아니라, '어느 쪽에서 보는가'라는 두 가지 '보는 방식'이라는 거지. 바로 몸과 마음은 한 존재의 양면인 셈이야.

병이 들어서 몸이 내 생각대로 움직이지 않는다고 생각하는 것도 그런 의미에서는 옳지 않은 거야. 만약에 자기 자신을 마음이라고 한다면 마음이란 곧 몸이기 때문에 마음이 생각하는 대로 몸이 움직여야만 해. 눈에 보이지 않는 마음의, 눈에 보이는 모양이 몸이기 때문에. 몸이 생각대로 안 된다고 생각하는 사람은 겉으로 보이는 몸만을 몸으로 생각하고, 자신의 소유물이나 도구로 착각하고 있기 때문이야. 하지만 자기 자신이 가지고 있는 소유물이라고 해도, 그것이 바로 자기 자신은 아니니까 그 소유물이 자기 생각대로 되지 않는 건 당연한 거 아닐까?

마음과 몸이 어떤 관계에 있는지 어렴풋하지만 이젠 알 듯도 하겠지? 하긴 알았다 해도 수수께끼는 여전히 남아 있네. 그렇다면 다시 한번 물어 보자. 나는 무엇이지?

몸이 나의 소유물이 아니라 나 자체라고 한다면, 몸이 죽으면 나도 죽는 것이 돼. 그런데 '내가 죽는다'는 건 '없다'고 앞장에서 이야기했지. 그렇다면 죽는데 죽지 않는 이 '나'란 존재는 도대체 뭘까? 어쩌면 '죽는 나와 죽지 않는 나', 이렇게 두 가지 내가 있는 건 아닐까? 하지만 자기 자신이 둘이라면 어느 한 쪽은 타인이 아닐까? 이번에는 마음 쪽에서 사유해 보도록 하자.

아주 많은 사람들이 눈에 보이는 몸을 나라고 생각하곤 하지. 또 한편에서는 눈에 보이지 않는 마음이야말로 진짜 나라고 생각해. 다른 사람에게는 보이지 않는 마음이야말로 다른 사람은 알지 못하는 진정한 내가 아닐까 하고 말이야. 하지만 이것도 잘 사유하면 어딘가 앞뒤가 맞지 않는다는 생각이 들어.

잘 생각해 보자. 마음은 다른 사람이 볼 수 없는 것일 뿐만 아니라 내게도 보이지 않아. 자기 마음을 눈으로 본 사람이 이 세상에 과연 있을까? 만져 본 사람은 있을까? 보이지도 만져지지도 않는데 그런 게 있다고 어떻게 알 수 있지?

"알 수 있어. 그렇잖아, 실제로 기쁘기도 하고 슬프기도 한 걸."

말 그대로야. 하지만 실제로 기쁘기도 하고 슬프기도 한 그 마음이란 게 실제로는 어디에 있을까? 마음은 어디에 있는 걸까?

누군가가 마음이 도대체 어디 있는지 물어 오면 너희들은 아마 왠지 모르게 자기 가슴팍쯤이라고 생각하겠지? 하지만 그곳에 있는 건 마음이 아니라 심장이야. "아, 그렇지." 하고는 다음으로 머리를 가리킬지도 모르겠다. 하지만 그곳에 있는 건 마음이 아니라 뇌일 뿐이지. 눈에 보이는 뇌의 눈에 보이지 않는 움직임이 의식이고, 그 의식이 바로 마음이라는, 자연과학에서 하는 설명은 절반은 맞아. 자연과학이 자주 드는 예로 기쁠 때는 엔돌핀이라는 물질이 분비된다는 설명처럼 말이야. 실제로 그건 확인된 내용이기도 해.

하지만 여기서 잠깐 멈춰 보자. 지금 기쁘다는 감정과 엔돌핀의 분비 중 어느 쪽이 더 먼저일까? 기뻐서 엔돌핀이 분비되는 걸까, 엔돌핀이 분비돼서 기쁜 걸까?

만약에 어느 한쪽이 먼저라고 한다면 둘은 같은 것이 아니라 제각각 다른 것이라는 결론에 이르게 돼. 그렇게 서로 다른 것일 경우, 기쁘다고 하는 감정이 엔돌핀이라는 물질이라는 자연과학의 설명은 좀 이상한 것이 돼 버리고 말지.

그렇다면 만약에 둘이 똑같이, 그러니까 기쁘다고 하는 감정과 엔돌핀이 동시에 분비된다고 한다면 기쁘다고 하는 감정이 엔돌핀이라는 물질이라는 논리는 가능하겠지? 그런데 아니, 감정이 물질이라면 도대체 어떻게 된 걸까? 엔돌핀 분자 어디에도 '기쁘다'는 보이지 않잖아. 아무리 크기가 작다 해도 분자라면 전자현미경으로 몇 만 배 확대하면 보일 텐데, 왜 '기쁘다' 같은 물질은 눈에 보이지 않는 걸까?

유전자로 하는 설명도 마찬가지야. 너희들은 때때로 자기가 이런 성격인 건 모두 유전 탓이라 어쩔 도리가 없다고 변명 같은 걸 늘어 놓기도 하잖아. 음, 만약 성질이 급한 사람은 모두 똑같은 유전자 배

열을 하고 있다고 가정해 보자. 자, 그렇다면 성질이 급한 성격은 왜 그 유전자일까? 그 성격은 왜 그런 유전자인 걸까? '그 유전자이기 때문에 그런 성격인 거야' 라는 걸로는 전혀 대답이 될 수 없다는 것쯤은 다들 알고 있겠지. 우리가 지금 문제 삼고 있는 건 '그 유전자가 그 성격이라면, 도대체 그 이유가 뭘까?' 이니까 말이야. 내 성격이 이런 건 모두 유전자 탓이라 어쩔 도리가 없다고 하는 건 조금도 변명이 될 수 없어.

자연과학은 눈에 보이는 사물로 눈에 보이지 않는 마음을 '설명하고 있는 것' 에 지나지 않는다는 사실을 항상 명심하도록 하자. 설명만으로는 결코 정답이 되지 못해. 과학은 물질을 가리켜 그것이 마음이라고 말하지는 않아. 물론 현대 과학자들 대부분은 안타깝게도 물질이 바로 마음이라고 잘못 생각하고 있긴 하지만.

너희들은 미래를 살아 갈 사람이니까 이 점을 결코 잘못 판단하지 않도록, 신중하게 사유하길 바래. 어느 누구도 아닌 너희들 자신의 인생에서 무척 중요한 점이니까. 유전자로 이미 정해져 버려서 어쩔 도리가 없다고 자기 일생을 포기하다니, 너무 아깝지 않니?

하긴, 이렇게 과학적인 설명이 끼어들면 오히려 이야기가 이상하게 꼬일 뿐이라고 기억해 두는 것으로도 충분할 것 같아. 너희들은 설령 과학적으로 설명되지 않는다 하더라도 마음이라는 게 있고, 마음은 마음이라고 하는 사실을 잘 알고 있을 테니 말이야. 마음은 눈에 보이는 사물이 아니라 눈에 보이지 않는, '이것이 마음이다' 하고 가리킬 수 없는, 아무리 해도 잡히지 않는, 너무도 불가사의한 거야.

'마음' 이라고 하는 말이 있다 보니, 사람들은 곧잘, 그 어떤 게 물건처럼 어딘가에 자리잡고 있는 듯이 여기기 십상이야. 하지만 그렇게 물건처럼 존재하는 마음은 어디에도 없어. 그렇잖아, 너희들이 슬플 때 그 슬픈 기분은 어디에 있을까? 머리에도 가슴에도 없고 그냥 슬프다는 기분만 선명하게 있을 뿐이지 않니? 언제나 보던 친구들 얼굴을 봐도 슬프고, 어딘가로 외출을 해도 슬프긴 마찬가지야. 바로 그 슬픈 기분이 모든 걸 슬프게 하기 때문에 그런 의미에서는 마음이란 '모든 것'인 거야. 몸 어딘가에 마음이 있는 게 아니라 마음이 모든 것으로 존재하는 거지. 너희들의 마음이 너희들 인생의 모든 걸 그렇게 되게 하는 거야. 그런 까닭에 마음은 인생의 기본이라 할 수 있어. 예로부터 사람들이 '물질보다 마음을 소중히 여겨라!' 하고 말해 온 건 그런 의미에서 확실한 근거가 있는 셈이지.

그런데 앞에서 '너희들의 마음'이라는 표현을 했지만 이번에는 이걸 한번 곰곰이 생각해 봤으면 해. 그러니까 마음이라는 게 너희들이 가지고 있는 무엇인지, 아니면 너희들이 곧 마음인 건지.

대부분의 사람들은 자기 성격을 자기 자신이라고 생각해. 외향적이라든지 내향적이라든지, 참을성이 없다든지 여리다든지 하는 말로 자신을 소개하지. 그렇다면 "난 이래." 하고 말하고 있는 바로 그 자기 자신은 과연 뭘까? "내 성격은 이러이러하고 대충 이런 편이야." 하는 식으로 자기를 관찰하고 분석하는 건 도대체 누구일까?

만약에 내가 곧 내 성격을 가리키는 것이라면 어떻게 그런 관찰이나 분석을 할 수 있을까? "내 친구 이슬이는 아주 따뜻한 느낌을 줘." 하는 식으로 다른 사람에 대해서는 잘 알고 있는데 정작 본인에 대해서는 잘 모르는 경우가 종종 있어. 마찬가지로 자신의 성격을 냉정하게 관찰하고 분석해서 스스로 깨달을 수 있는 까닭은 자기 안에 자기가 아닌 부분, 자기를 남처럼 볼 수 있는 부분이 있기 때문이지.

성격이라는 게 변하지 않는 것도 아니고 감정 같은 건 시시때때로 변하기 마련이잖아. 만약 너희들이 그렇게 쉴새없이 변하는 마음 자체라고 한다면, 그렇게 변하는 마음을 두고 어떻게 변함없이 똑같은 너희들이라고 알 수 있겠니? 너희들이 너희들일 수 있는, 성격이나 감정과는 따로 존재하는 가장 근원적인 너희는 결코 움직이거나 변하지 않는 그 무엇이 아닐까?

눈에 보이지 않는 생각이나 느낌, 사유 같은 걸 통틀어 '마음'이라고 부르는데, 이렇게 똑같이 눈에 보이지 않는 것 가운데서도 움직이고 변하는 부분과 움직이지도 변하지도 않는 부분이 있어. 변하는 것이 감정이고 변하지 않는 부분이 정신이지. 감정은 느끼는 것이고 정신은 사유하는 것이야. 쉴새없이 변하는 느낌이나 생각에 비해, 변함없이 관찰하고 분석해서 그것이 과연 무엇인지 사유해서 깨닫는 것이 정신의 움직임이야. 사람들 마음속에 이 정신이라는 부분이 있기 때문에, 변하지 않을 거라고 생각하는 성격을 바꿀 수도 있는 거지. 또 그때 그때 기분이나 감정에 휩쓸리지 않고 지내기도 하는 거고. 만약 마음을 소중하게 대한다고 하면서 그때 그때 기분이나 감정에 맡겨버린다면 조금도 마음을 소중하게 대하는 게 아닌 거야.

그렇다고 기분이나 감정이 쓸모없다거나 그다지 소중하지 않다고 말하는 건 아니야. 기분이나 감정, 그런 것들은 사람들 저마다 지니고 있는 성향이고 성격이야. 그것들 그대로가 자기 자신은 아니지만 그렇게 느끼고 있는 건 역시 자기 자신뿐이기 때문에 마음이란 것도 잘 사유해 보면 자기 자신이기도 하고 자기 자신이 아니기도 한 이상야 릇한 거지. 몸이 그렇듯이 말이야.

이번에는 마음이 아닌 정신으로 한번 냉정하게 관찰해 보자. 기분이나 감정은 그 자체만 보더라도 아주 흥미진진해. 어디선가 슬며시 찾아와서 또 다시 어디론가 슬며시 사라져 가지. 결코 눈에 보이지는 않지만 뭔가 다른 세계에서 그 느낌 그대로 다가온 듯이 느껴져. 주위 친구들 가운데 열정에 사로잡혀 신나게 행동하는 친구가 있거든 그 모습을 한번 잘 지켜봐. 그 친구는 그이기도 하면서 그가 아닌 뭔가에 의해 움직이고 있는 듯이 보이지 않니? 그런 느낌이 든 적 있지? 그 보이지 않는 힘은 어디에서 오는 걸까? 우리 곁에 다가와 있는 생각이나 느낌, 사유는 도대체 어디에서 찾아왔을까?

'나로 존재한다' 는 건 이처럼 눈에 보이는 몸의 측면으로 살펴봐도, 보이지 않는 마음의 측면으로 살펴봐도, 아니 자꾸 사유하면 사유할수록 속이 깊어서 밑바닥을 알 수 없는 어떤 것이라는 생각이 들어. 무엇을 '나' 라고 해야 할지 몰라 자꾸 더듬어 가다보니 끝이 보이지 않는 전체로 자꾸만 자꾸만 확대되어 가기만 해. 전체, 그렇지, 우주 끝까지 말이야.

근데 우주에는 끝이 없다는 것과 내가 끝이 없다는 것, 이 둘이 사실은 같은 것이라면 어떻게 할래?

그래서 말인데, 자꾸 사유하다 보면 이것만치 재미있는 것도 없어. 끝이 없어서 한없이 갈 수 있거든. "나만 좋으면 좋은 거야." 같은 핑계를 대면서 사유하지 않는 사람에게는 이렇게 한번 물어 보자. "그

'내'가 어떤 난데?" 하고. 어떤 나를 자기 자신이라고 생각하고 있는지 본인이 정확하게 알고 있는지 확인해 보는 것도 흥미롭지 않을까? 만약 겉으로 드러난 몸이나 이리저리 변하는 감정 같은 걸 두고 자기 자신이라고 생각한다면 그런 자기 자신은 드넓은 우주에 비하면 너무 보잘 것 없는 존재에 지나지 않는다고 생각되지 않니?

무엇을 자기 자신으로 규정하고 생각하느냐에 따라 그 사람이 어떤 존재인지가 정해진다? 참 신기하지 않니?

"지금 무슨 말을 하고 있는지, 뭐가 뭔지 모르겠어." 하고 너희들이 말한다면 그건 대성공이야. 잘 모르기 때문에 그야말로 지금부터 사유를 시작할 수 있잖아. 부디 고민하지 말고 사유를 하자! 이제 너희들은 '마음의 고민'이란 말을 하고 있을 때가 아니잖아. 그래! 고민하고 있는 그 마음이 뭔지, 너희들이 완전히 알지 못한다는 사실을 이젠 알아 버렸어. 마음의 정체를 모르는데 어떻게 고민을 할 수 있겠니? 하지만 괜찮아. 이제부터 사유하면 되니까. 너희들은 사유하는 정신을 갖고 있으니까 걱정할 것 하나도 없어.

　‘나는 나, 너는 너’ 이렇게 곧잘 말하지. 너, 그러니까 ‘남’은 내가 아닌 다른 사람을 말하지, ‘남의 일은 신경 쓰지 말고 자기 일이나 똑바로 하자’ 같은 말을 자주 하곤 해. ‘남’이란 말은 이런 뜻으로 쓰이는데, 이 뜻이 과연 옳은 걸까?

　물론 다른 사람이 하는 말을 너무 민감하게 받아들여 화를 내거나 남을 비웃거나 하는 건 아주 쓸모없는 일이야. 그럴 여유가 있으면 자기 일에 집중하는 게 좋겠지. 지금 ‘나는 나, 너는 너’라는 말을 살펴보는 데는 사실 다른 까닭이 있어.

　지금까지 너희들과 함께 사유를 해 왔는데, 우리들이 잘 알고 있다고 생각했던 ‘나’라는 존재를 사실은 잘 모른다는 사실을 깨달았어. 마찬가지로 잘 알고 있다고 생각하는 남이라는 존재도 사실은 제대로 모르고 있는 게 아닐까 하는 것, 문제는 바로 이거야. 무엇이 ‘나’인지를 모른다면 무엇이 ‘남’인지도 모르고 있는 건 아닐까?

'나'란 존재는 이름도 아니고 어떤 신분도 아니지. 몸도 아니고 마음도 아니야. '아니다, 아니다'를 거듭하다 보니 이젠 어디에도 없어. 어쩌면 그 자체가 '나'라고 할 수도 있겠지만, 그렇다고 내가 '없다'고 할 수도 없어. 나 같은 건 '없다'고 말하고 있는 그 내가 확실히 '있기' 때문이야. 없는데도 있고, 있는데도 없는 그것이 '나'라고 하는 것의 정체, 내 존재 방식의 신비함이야. 무엇을 '나'로 생각하느냐에 따라 그 사람의 '내'가 정해진다고 하는 것도 바로 그런 뜻이고.

'내가, 생각한다'라는 말이 얼마나 자유롭고 또 얼마나 부자유스러운지, 이걸 깨닫는 것이 진정한 자유라고 할 수 있는데, 이 이야기는 나중에 하도록 하자.

자, 그런데, '나'라는 것이 그런 존재라면 '남'이라고 하는 건 어떤 존재일까? 아니, 도대체 '남'이란 게 존재하는 걸까?

'에이, 또 믿거나 말거나 같은 이상한 말 하고 있네'라고 생각하지? 바로 내 곁에 친구도 부모님도 선생님도 확실히 존재하고 있는데 말이야.

하지만 차근차근 차례대로 짚어 가며 사유해 보자.

먼저 너희들이 친구나 부모, 또 선생님을 내가 아닌 타인이라고 생각하는 건 어째서일까? 무엇보다, 몸이 따로 있어서 그렇겠지. 몸이 따로따로 있으니 그들이 바로 내 앞에 보이고, 그러니 너희들은 내가 아닌 남이라고 생각하게 되겠지.

몸이 따로따로인 걸 좀 더 분명하게 표현하자면 몸이 느끼는 통증을 들 수 있겠다. 친구나 엄마 아빠가 병에 걸려서 아파도 너희들은 아프지 않아. '얼마나 아플까!' 공감은 해도 결코 너희들이 아프지는

않지. 당신의 아픔을 이제야 알겠다고 말들은 하지만 다른 사람의 아
픔은 역시 어디까지나 남의 아픔이고, 알려고 해서 알 수 있는 게 아
니야. 게다가 '누구가 죽었다'에서 죽는 건 언제나 다른 사람일 뿐이
야. '내가 죽었다'는 있을 수가 없지. 이 차이는 서로가 별개의 존재임
을 증명하는 결정적인 사실이지.

다음으로 다른 사람을 타인이라고 생각하는 이유는 마음 때문이야.
다른 사람의 마음은 내 마음이 아니지. 그렇지, 친구가 슬퍼서 울고
있는 걸 보면 덩달아 마음이 아려 오기도 하지만 그 친구가 얼마나 깊
이 슬퍼하는지 너희들은 알 수가 없어. 그 슬픔은 무척 깊을 수도 있
고 그다지 대단한 게 아닐지도 몰라. 아니, 어쩌면 사실은 전혀 슬프
지 않은데 슬픈 척 하는 건지도 모르고. 마음은 보이지 않으니까 역시
알 수가 없어.

몸 따로, 마음 따로, 그래서 나와 남은 따로따로라고 사람들은 생각
하지만, 과연 그런 걸까?

'나는 무엇인가'라는 장에서 사유했던 걸 떠올려 보자. 나라고 하는
존재의 가장 원래 나는 '그냥' 나였어. '그냥' 나라고 하는 건 다른 사
람이 있어서 내가 있는 게 아니라 다른 사람이 있든 없든, 그와는 무
관하게 그냥 '나'로 존재한다는 사실이야.

음, 하긴 처음으로 내가 나라는 걸 깨달은 것도, 어머니라는 타인이
있다는 걸 깨닫게 되면서 그랬을지도 모르겠군. 그렇다 해도 결국 내
가 나라는 사실을 깨달을 수 있는 건 내가 나이기 때문이라고밖에 할
수 없어. 타인의 존재는 내가 나라는 걸 깨닫는 계기에 지나지 않아.
나의 존재는 타인의 존재에 조금도 영향을 받지 않아. 그런 의미에서

나는 '절대적인 존재' 지.

내가 절대적인 존재라니 '에이, 설마!' 싶겠지만, 분명 너희들은 절대적인 존재야. 하지만 부디 착각하지 말길 바래. 지구 어딘가에서 십대로 살고 있는 너희들이 절대적인 존재라는 말은 아니야. 두말 할 것도 없이 지금 너희들은 어른이 없으면 살아 가기 힘들지. 누군가의 도움 없이는 살기 힘들다면 절대적인 존재라고 할 수 없지. 방금 절대적인 존재라고 한 것은 너희들의 본성을 말하기 위해서야! 너희들이 지금의 너희들인 채로 "나는 절대적인 존재, 지존이다!" 하면서 허풍을 떨다 어머니에게 야단을 맞아도 난 몰라.

내가 절대적이라고 하는 건, 내가 사유하고 내가 보고 있다는 걸 뜻해. 내가 아닌 다른 무엇이 나 대신 사유하거나 볼 수는 없다는 거지. 그런 의미에서 절대적인 존재라는 의미야. 이 나를 '큰 나'라고 부르도록 하자. 청소년인 지금의 너희들은 '작은 나'야. 이 뒤에 쓰는 '나'는 전부 '큰 나'를 뜻해.

너희들은 놀랄지도 모르지만 이런 의미에서 '세계', 다시 말해 모든 건 이 '큰 나'라는 존재에서 비롯되지. 내가 존재하지 않으면 세계는 존재하지 않아. 내가 존재하므로 세계가 존재하고 있는 거지, 세계가 존재하고 있어서 내가 존재하는 게 아니란 말이지. 세계는, 세계를 보고, 세계를 사유하고 있는 '나에게만' 존재하고 있어. 곧 내가 세계야.

흠, 머리를 한 대 얻어맞기라도 한 표정이네. 하긴 무리도 아니지. 세상의 일반적인 생각과는 정반대니까. 너희들만 어리둥절해하는 게 아니라 어른들도 대부분 이 엄청난 진실을 깨닫지 못한 채 일생을 마치곤 하지. 하지만 너희들 인생은 지금부터니까 기회 있을 때마다 사유하면 분명히 깨닫게 될 거야. 지금 당장 알지 못해도 속상해할 건 없어. 언젠가 문득 알게 될 때가 올 테니까. 지금은 아무쪼록 이 책을 끝까지 한 번 쭉 읽어 보기만 해도 좋아. 그것만으로도 충분하니까.

　계속 사유를 진전시켜 보자. 내가 세계이고, 세계는 나로 말미암아 존재하므로 당연히 앞에서 말한 ‘다른 사람’이라고 하는 존재도 마찬가지라는 결론에 이르게 돼. 세계에는 많은 타인이 존재하고 있어서 저마다 나름대로의 삶을 살고 있어. 실은 모두 ‘내가’ 보고 있는 광경일 뿐이지. 만약 내가 존재하지 않고 내가 보고 있지 않다면 일체 아무것도 존재하지 않아. 세계도 타인도 존재하지 않아. 왜냐면 그것들을 보고 있는 내가 존재하지 않기 때문이야.

　하지만 ‘내가 존재하지 않는다’는 건 ‘없다’고 앞에서도 말했어. 그러니 역시 모든 건 존재해. 존재하지 않는 건 없고 세계도 타인도 모두 존재해. ‘모든 것이 나로서’ 존재하지. 왜냐면 내가 아닌 것으로 존재할 수 없기 때문이야. 말머리에서 ‘타인’이라는 게 과연 존재할까 하고 물음을 던졌던 것도 바로 이런 의미에서야. 다른 사람의 존재를 인정하지 않는다든지, 세계에는 나만 존재한다든지 하는 그런 자기도취 같은 이야기를 하려는 게 아니야. ‘모든 것이 나로서 존재한다’는 말은 참으로 심오하고도 어려운 말이야. 이 세상의 신비, 그 자체라고 해도 좋겠어.

　여기서 잠깐 사실을 밝히자면, 세상 어른들도 이런 수준의 대화에 따라오는 이는 아주 드물어. 너희들은 이런 이야기를 진심으로 받아들이는 그런 어른이 될 수 있도록 지금은 그냥 그걸 향해 가기만 하면 돼. "나만 존재한다는 건 다른 사람의 존재를 인정하지 않는 거잖아." 하는 식의 잠꼬대 같은 말을 내뱉는 친구에게는 "뭔가를 인정하지 않으려면 그보다 먼저 그 뭔가가 존재한다는 걸 인정해야만 하잖아?" 하고 말해 주면 좋겠어.

나는 나 말고는 그 무엇도 아니어서 모든 것으로 존재해. 모순처럼 들리기도 할 텐데 이것도 '나' 라는 것의 존재 방식의 진실이야. 모순이라는 그 자체가 진실이라는 것도 잠깐 머릿속에 넣어 두면 나중에 도움이 될 거야. 나는 모든 것이어서 모든 것이 나야. 이건 서로 모순되지 않고 논리적으로 맞다는 걸 알겠지? '모든 것', 말 그대로 모든 것이야. 타인도, 타인의 몸도, 타인의 마음도, 전 세계, 전 생물, 전 우주, 곧 삼라만상인 거야. 큰 나의 가장 깊숙한 곳에서 나는 모든 것이기도 하고, 또 실제로 모든 것과 연결되어 있지.

다른 사람의 아픔을 알지 못하고, 그 마음도 알지 못하는 건 작은 나로만 보고 있기 때문이야. 작은 나는 제각각 따로따로인 인간이니까. 하지만 남이 아파하는 것을 보고 아프겠구나 하고 진심으로 마음 아프게 생각하고, 또 남들이 슬퍼하는 모습을 보면 더불어 슬퍼지는 것만으로도 무척 신비롭지 않니? 아마도 사람들은 아주 선명하지는 않지만 서로 하나라는, 그 사람이 바로 나라는 걸 알고 있기 때문에 그러는 것 아닐까? 큰 나로 작은 타인들이 서로 이어져 있기 때문이지. 큰 나의 아주 깊은 곳에까지 이른 붓다나 예수 같은 사람들은 다른 사람의 고통이나 마음도 나의 아픔이나 마음으로 한 순간에 틀림없이 알아차렸을 테지.

안과 밖, 좌와 우, 위와 아래의 경계는 어디일까?

‘뫼비우스의 띠’를 혹시 알고 있니? 계속 안쪽을 더듬어 가다 보면 어느 새 바깥쪽이 되는 띠 있잖아. 그처럼 너희들은 ‘자기 안’이라고 말하는 순간에는 몸이나 마음의 안쪽을 떠올리겠지만 그 안쪽이 바깥의 자연 법칙이나 쾌감 원칙에 따라 움직이고 있다면 그 안쪽이라고 하는 게 사실은 바깥쪽인 것이 아닐까? 안은 곧 바깥이 아닐까?

‘내 안에’ ‘내 바깥에’처럼 종종 구분해서 표현하곤 하는데 잘 사유해 보면 그렇게 말할 수 없다는 걸 알게 될 거야. 왜냐면 내가 바로 전체니까, 그런 나에게는 안과 밖이 따로 없기 때문이지. 그렇다면 자, ‘내 바깥에 존재하는 당신’이라고 말할 때, 사람들은 과연 뭘 말하고 있는 걸까?

이 장은 꽤 어려웠지? 여기서 다룬 내용들은 누구나 자신의 전 생애를 걸고 사유할 가치가 있는 주제들이어서 어려운 게 당연해. 이보다 더 쉽게 이야기하고 싶은 마음은 간절한데 원래 알 수 없는 것이다 보니 쉽게 풀기가 좀 힘들었어. 나의 이 간절한 마음을 알아 줬으면 해.

이 글들을 읽고 이해하기 어려웠다 하더라도, 문득 느껴지는 이상한 느낌만은 잊지 말고 기억해 두길 바래. ‘나’를 둘러싸고 돌았던 불가사의한 수레바퀴는 이쯤에서 멈추는 걸로 하자.

열네 살부터
시작하는

나와 너, 그리고 세상의
경계는 어디일까?

지금까지 한 이야기는 너희들이 이 세상에 태어나 살고 있다는 사실, 그게 도대체 무엇인지를 사유하는 기본적인 사유 방식에 대한 거였어. 기본이라지만 기본 중의 기본이기 때문에 오히려 어려워. 흔히 기본에 대해서는 너무 당연하게 생각하고 특별히 사유하지 않기 때문이지.

지금부터는 기본을 넘어 응용을 해 보는 단계야. 너희들도 요즘 들어 조금씩 궁금해지기 시작했을 '세상'에 대해 사유하는 거지. 이제부터는 너희들이 태어나서 살아 가고 있는 이 세상에 대해 진지하게 사유해 보기로 하자. 이번에는 그리 어렵지 않을 거야. 기본적인 사유 방식만 알고 있으면 얼마든지 응용할 수 있거든.

음, 그런데 세상에는 나 아닌 '남'이 수없이 많이 있어. 가장 가까운 남으로는 가족이 있지. 가족을 남이라고 하는 게 좀 이상하게 들릴지 모르지만, 내가 느끼는 아픔이나 마음을 알지 못한다는 점에서는 분명히 남이야. 너희들은 걸핏하면 "엄마는 잘 알지도 못하면서…." 하고 화를 내곤 하지. 그건 엄마 또한 남이라는 말과 다르지 않아. 그런데 너희들의 짜증 섞인 말을 들은 엄마는 "모르긴 뭘 몰라, 엄마는 널 아주 잘 알고 있어." 하고 단정적으로 말하지. 그럴 때마다 너희들은 '아, 부모란 참 귀찮은 존재야' 하는 생각이 들면서, 왜 부모랑 같이 살아야만 하는지 의문이 들기도 할 거야.

사실, 이 점도 무척 불가사의한 일이지. 음, 사람들은 왜 가족과 함께 살까? 부모나 형제라는 존재도 따지고 보면 단순히 그 사람에게서 태어났다, 또는 같은 부모에게서 태어났다는 것에 지나지 않는데 말이야. 그들은 역시 타인에 지나지 않지. 그런데 사람들은 왜 아침부터 밤까지 어떤 타인과 함께 있고, 게다가 평생을 타인과 가족이라는 관계로 살아 가는 걸까? 가족은 과연 뭘까?

문득 부모님을 보면서 '이 사람들은 도대체 누구지?' 하는 느낌이 든 적은 없니? 너희가 태어났을 때 아버지, 어머니라는 이름으로 바로 그곳에 있던 그 사람들 말이야.

당연히 그리고 무엇보다 분명히 그 사람들은 너희들의 아버지고 어머니야. 너희들의 몸은 틀림없이 너희들의 아버지와 어머니를 통해서 이 세상에 나왔어. 하지만 너희들이 너희 자신일 수 있는, 아주 근원적인 너희는 어느 누구에게서 태어난 게 아니라는 이야기는 앞에서 살펴보았으니 잘 알고 있을 거야. 너희들은 누구에게서 태어난 것도 아니기 때문에 지금 아버지나 어머니도 그 근원에서는 아버지나 어머니가 아닌 셈이지. 그렇다면 부모로 불리는 그들은 도대체 누구일까?

눈을 떠 보니 그곳에 있던 그 사람들이 너희들의 진정한 부모가 아니라면 과연 누구일까?

부모님들 쪽에서 한번 사유해 보자.

우선 부모님도 너희들이 태어났기 때문에 '너희들의 부모'가 된 거지 처음부터 너희들 부모였던 건 아니야. 너희들이 태어나지 않았다면 그들은 그냥 제3자인 '어떤 사람'일 뿐, 너희 부모로서의 '어떤 사람'일 리가 없지. 이 중요한 사실을 부모님들 스스로도 거의 대부분 잊고 있어. 어떤 아이가 태어날지, 누가 태어날지 몰랐는데 바로 너희들이 태어났다는 이 오묘한 만남의 감동을 잊고 있단 말이지. 단지 타인과 타인이 만났을 뿐이라는 사실은 잊은 채 '내 아이'라는 생각에 깊이 빠져 있는 거지. 그래서 종종 당신들 생각대로 너희들을 만들려고 하는 거야. 그런 부모들의 생각과 태도 때문에 너희들은 무척 귀찮고 괴로울 테지. 완전히 다른 사람인 자식이 자기가 생각하는 대로 될 리가 없는데 말이야.

그들은 자주 "부모로서 당연히 해야 할 노릇을 하고 있을 뿐이야." 하고 말하지. 아이들을 위해 이래저래 신경 쓰고 간섭하는 것이 부모가 해야 할 당연한 일이라고 하면서.

자, 그렇다면 부모 노릇이란 도대체 뭘까? 텔레비전에 나오는 동물 다큐멘터리를 떠올려 보자. 온갖 동물의 어미들이 새끼를 키우는 장면 같은 걸 한번쯤은 다들 봤을 거야. 그런 동물 어미들이 하는 부모 노릇이란 하나같이 닮았어. 어린 새끼가 홀로 설 수 있을 때까지 먹이를 구해 주고 위험을 막아 주는 일을 해. 그러다 새끼들이 홀로 설 수 있는 때가 되면 더는 돌보지 않아. 오히려 멀리 떨어뜨리곤 하지.

만약 부모 노릇이라는 게 그런 생물학적 의미라고 한다면 사람들의 부모 노릇은 왠지 좀 지나쳐 보여. 물론 아직 완전히 홀로 서기에는 좀 무리겠지만 그래도 이제 막 홀로 서 보려고 애쓰는 너희들에게 쉴 새없이 간섭하려 드니 말이야. 동물 부모들은 안 그런데 인간의 부모는 왜 그럴까?

부모들은 "동물 부모가 아닌 인간 부모만이 해야 할, 또 할 수 있는 일이 있는 법이야." 하고 말할지도 몰라. 그래, 분명 인간 부모가 해야 할 뭔가가 있을 거야. 하지만 그렇게 간섭하고 끝도 없이 보살피려 드는 게 인간 부모 노릇이라고 말하기는 힘들지 않을까?

동물에게는 없는 인간 부모로서 할 일이 있다고 한다면, 그건 다름 아닌 삶의 진실을 가르치는 일일 거야. 자식보다 먼저 인생을 살고 있는 이로서 무엇이 위험하고 무엇이 소중한지, 사람은 어떻게 살아야 하는지를 가르치는 게 바로 진정한 부모 노릇이겠지. 동물들은 자신 안에 있는 진실대로 살아 가지만, 그 진실이란 게 과연 무엇인지 사유하려 하지는 않아. 삶의 진실이 무엇인지 사유하고 그걸 언어로 다른 이에게 가르칠 수 있는 건 우리 인간뿐이지.

음, 어떨까? 너희들의 아버지 어머니는 삶의 진실을 너희들에게 가르치고 있니? 그리고 너희들은 그걸 알고 있어?

물론, 너희들은 아직 삶의 진실을 잘 알지는 못할 거야. 너희들 스스로가 아직 삶의 진실에 대해 사유해 본 적이 없을 테니까. 사유하지 않으면 진실을 알기는 힘들어. 그럼 만약에 너희 부모가 너희처럼 삶의 진실에 대해 사유해 본 적이 없다면 어떨까? 그런데도 너희에게

‘산다는 건 바로 이런 거야’ 하고 가르치고 있다면 그 삶의 진실은 과연 ‘진실’일까? 그건 어쩌면 진실이 아닐지도 몰라. 음, 이 일을 어쩌지?

하지만 너무 걱정하지 마. 너희들은 스스로 사유할 수 있으니까. 설령 어머니 아버지가 말씀하신 거라 해도 그대로 믿어 버리지 않고 그게 올바른지 어떤지 스스로 사유할 수 있는 너희들이잖아. 바로 그 점이 너희들이 홀로 서기를 하고 있다는 증거야. 그렇다고 오해하면 안 돼. 그건 단순한 반항과는 아주 다른 거니까.

너희들은 하루에도 몇 번씩 ‘이래라 저래라, 자꾸 그럴래, 왜 그러니?’ 하는 말을 듣곤 하지. 언제부턴가 그런 소리를 들을 때면 자기도 모르는 사이에 기분이 엉망이 되곤 했을 거야. 그럴 땐 부디 ‘왜 그럴까, 왜 그렇게 해야만 하는 걸까? 어째서 그렇게 하면 안 되지?’를 스스로 사유해서 판단하도록 해. 부모가 하는 말은 옳을 수도 있고 옳지 않을 수도 있으니까. 부모님 자신도 왜 그래야 하는지, 어쩌다 그렇게 됐는지 모르는 일들도 꽤 많을 테니까. 그렇다고 부모님이 말하는 모든 게 틀릴 이유는 더더욱 없어. 너희들보다 훨씬 더 오래 살아서 그만큼 삶의 진실을 사유하고, 깨달을 기회도 많았을 테니까.

무조건 반발하거나 반항하기보다 너희들 스스로 사유하고 판단하는 게 필요해. 아무리 사유해 봐도 역시 틀렸다면 “아버지, 그건 아니에요. 틀렸다고 생각해요.” 하고 분명히 너희들이 사유한 내용을 설명해 드리면 돼. 그러면 아마 아버지는 새로운 눈으로 너희들을 보게 될 테고, 여태까지와는 다르게 조금은 어른 대접을 해 줄지도 몰라. 만약 아무 반응이 없고 오히려 나무라기만 한다면, 그렇다면 할 수 없지.

'아! 내 진심이 통하지 않는구나' 하고 가슴 한구석에 묻어 두는 수밖에. 그 지점에서는 부모님보다 너희들이 훨씬 어른인 셈이니까.

기억을 한번 떠올려 봐. 너희들이 아주 어렸을 적에 아버지나 어머니란 존재는 뭐든 할 수 있고 뭐든 알고 있는 전지전능한 사람이라고 생각하지 않았니? 하지만 잠깐이라도 사유해 보면 단번에 알아차릴 수 있어. 그런 전지전능은 있을 리 없다는 당연한 사실을 말이야.

다시 말하면, 너희들의 부모는 너희들이 태어나면서 비로소 너희들의 부모가 된 거지, 원래부터 너희들의 부모였던 건 아니지. 그들도 너희들의 부모가 되기 전에는 너희들과 마찬가지로 삶에 대한 고민으로 잠자리에서 뒤척이기도 하고 방황도 한 그냥 보통 사람이었어. 그런 보통 사람이 자식을 낳았다고 갑자기 전지전능해질 까닭이 없잖아? '부모의 구실'이란 말을 종종 입에 올리긴 하지만 부모가 된다는 건 누구에게나 이 세상에 태어나 처음 겪는 거지. 부모가 되긴 했지만 어떻게 아이를 키워야 할지, 뭐가 좋을지 날마다 헤매고 있다고. 그렇게 생각하면서 연민의 눈으로 부모님을 한번 바라봐. 잔소리만 해 대는 엄마도 '어, 나랑 똑같이 잘 모르잖아?' 하고 조금은 귀여워 보이지 않니?

실제로 완전한 부모가 된다는 건 인간인 이상 불가능해. 동물이라면 가능할지 모르지. 동물한테 가장 중요한 건 생명 보존이니까. 하지만 인간은 그렇지 않잖아. 생명을 가지고 이 세상에 와서 지금 이렇게 꾸리고 있는 이 삶을 과연 어떻게 살아야 할지 사유해야 하는 더 중요한 목적이 있으니까. 사람은 삶의 진실이 무엇인지 죽을 때까지 사유하는 까닭에 그만큼 모두 불완전한 셈이야. 너희들의 부모만 완전한 부모일 수는 도저히 없어.

살다 보면 아버지나 어머니의 어떤 점이 내 마음에 들지 않거나, '이건 아닌데' 하는 점이 분명 있을 거야. 그럴 때는 '아! 내 부모님도 그냥 그런 보통 사람이구나' 하고 받아들여 봐. 그리고 나서 내 부모인 이 사람들이 어떻게 해서 '이런 사람'이 되었는지 그들이 걸어 온 삶을 상상해 봐. 바로 그게 자식이 부모에게서 배울 수 있는 삶의 진실이야. 이런 배움은 부모들이 마음 먹고 주는 가르침보다도 훨씬 깊어서 가슴 깊은 곳에 새겨지곤 하지.

만약 너희들의 부모가 자식에게 폭력을 휘두르는 사람이라면, 그건 엄청난 시련일 수 있어. 방금 내가 말한 '받아들이고 상상해 봐'라는 게 무리한 부탁일 수도 있지. 그런 경우에는 따로 떨어져 지낸다든지 누군가 다른 보호자가 있어야 한다든지 하는 시급한 대책이 당장 필요할 거야. 물론 근본적인 해결책은 못되겠지만…. 부모의 폭력에 시달린 경험이 있는 사람은 앞으로 살아 가는 내내 깊은 상처를 간직해야 될지도 몰라. 하지만 자기 자신의 상처는 역시 자기 스스로 치유할 수밖에 없어.

사람들이 그다지 맞닥뜨리지 않을 엄청난 시련에 부딪히게 된다 해도 그 시련이라는 게 '단지 지금 경험해야 할 것'으로 받아들일 수만 있다면, 그 사람은 다른 사람들보다 훨씬 깊고 풍성한 삶의 의미를 깨닫게 될 거야. 분명히!

잠깐 덧붙이자면, 동물들의 경우 가족끼리 서로 힘을 모아야 하는 이유가 '생존을 위해서'라는 게 아주 명확하지. 그런데 인간이라는 존재가 가족이라는 무리 안에 태어나는 이유는 그뿐만은 아니야. 가족이란 최초의 사회이고 다른 사람과 어떻게 관계 맺기를 할지 배우는 첫 마당이야. 가족을 넘어선 사회에는 더 다양한 타인이 있고, 그런 타인과 어떻게 어울려 지낼지를 예습하기 위한 장으로 가족이 있어.

　여기서 한 가지 떠오르는 의문은 세상에는 많고 많은 사람이 있는데, 왜 하필이면 어떤 연유로 나는 바로 이 부모에게서 태어났을까 하는 점이지. 아무리 머리를 굴려 봐도 그 연유를 찾을 수 없다는 점에서 이건 완전히 우연이야. 우연히 그렇게 되었다는 의미는 또 이것이 확실한 인연임을 말해 주는 거지. 완전한 타인과 타인이 맺은 부모와 자식이라는 인연, 과연 이 인연의 의미가 무엇인지를 찾는 것을 출발점으로 해서 삶의 의미를 찾아가다 보면 우리 삶이 생각보다 즐거운 무엇이라는 사실을 깨달을 수도 있을 거야.

　너희들은 아직 청소년으로 이른바 '사회인'은 아니지만, 이미 사회 속에서 살고 있다는 점에서는 사회인이나 마찬가지일 거야. 사람이 육체를 지니고 이 세상에 태어났다는 사실은 사회 속에 태어났음을 의미하는 것이기도 해. 왜냐면 처음에는 어느 누구도 아니었던 너희를 '김하늘'이라는 이름의 청소년이라고 규정한 건 너희가 아니라 사회, 곧 주위에 있는 사람들이기 때문이지. 이 세상에 한 사람이 아닌 여러 명의 타인들이 존재하는 한, 이 세상에 태어난 사람은 반드시 사회 속에 태어나고, 모든 사람은 반드시 사회인으로 살아 가게 되어 있는 거지.

　그런데 도대체 이 '사회'라는 건 뭘 뜻할까? 여러 사람이 모여 있는 게 사회라고 가장 단순하게 정의할 수도 있지만, 사람들이 '사회'라는 말을 떠올리거나 입에 올릴 때는 뭔가 그 이상의 의미를 가지고 있는 듯하거든.

예를 들면 모범생 타입인 친구가 "나는 이 사회의 일원으로 사회에 공헌할 수 있는 사람이 되고 싶어." 하고 당당하게 주장하는 걸 들어 봤을 거야. 바로 이럴 경우의 '사회'가 있어. 또 "사회란 건 정말 귀찮은 존재야. 개인을 규제하는 것에 지나지 않거든." 이렇게 말하는 사람도 있을 텐데, 이럴 경우의 '사회'도 있지.

만약 이 두 유형의 사람이 논쟁을 한다면 끝없는 평행선만을 그을 게 분명해. 한쪽은 사회를 긍정적으로, 또 다른 한쪽은 부정적으로 받아들이고 있기 때문이야. 여기서 언뜻 봐서는 두 사람 의견이 서로 대립하고 있는 듯하지만 사실 기본적인 점에서는 일치하고 있어. 뭐가 일치하는지 설명하기 전에 잠깐, 앞의 '사유하기' 장에서 등장했던 이상한 말만 하던 아이가 다시 '짠!' 하고 튀어나와 발언한다면 뭐라고 할까? 이렇게 말하지 않을까?

"하지만 나는 사회란 게 뭔지, 우선 그걸 모르겠어. 그래서 긍정할 수도 부정할 수도 없어."

하긴 그래. 뭔가를 긍정하든 부정하든 그게 가능하려면 'A는 a'라는 사실을 인정해야만 하지. 그러지 않으면 그 A에 대해 논쟁할 수 없어. 'A는 a'라는 사실을 인정하는 게 모든 논쟁의 대전제인 거야.

지금쯤이면 너희들은 우리가 대부분의 사람들이 당연하게 여기고 있는 전제, 그 자체에 대해 사유하고 있다는 걸 슬슬 알아차렸겠지? 삶에 대해 이것저것 말하기 전에 바로 그 산다는 게 과연 무엇인지 사유하고, 나에 대해서 이런저런 말을 하기 전에 그 나란 도대체 무엇인지를 사유해야 한다는 걸 말이야.

자, 그러니 이번에는 사회에 대해 이런저런 말을 하기 전에 그 사회란 게 뭔지 우선 사유해 보자.

앞의 두 사람은 '사회는 사회다, 사회는 그냥 사회로 존재하고 있다'는 걸 당연한 전제로 인정하고 논쟁을 벌이고 있어. 하지만 그렇게 논쟁하고 있는 사회라고 하는 것, 둘이 동시에 떠올리는 바로 그 사회란 게 도대체 뭘까? 그것은 어디에, 어떻게 존재하고 있는 걸까? 아니, 애당초 그런 게 존재하고 있기는 한 걸까?

대부분의 사람들은 사회라고 하면 뭔가 그럴 듯한 모습으로 따로 존재한다고 막연히 생각하곤 하지. 하지만 우리는 막연히 생각만 하는 게 아니라 정확하게 알기 위해 사유하기로 했지. 그러니 자, '사회'라고 하는 것, 그 정확한 모습을 머리에 떠올려 보자. 만약 사회는 너무 큰 존재여서 막연하다면 학교를 떠올려도 좋겠지. 작은 사회인 '학교'라는 걸 통해 사회가 뭔지 사유해 보자. 먼저 학교의 정확한 모양새를 떠올려 볼까. '이것이 학교란다' 하고 어디 한번 제시해 볼까?

너희들은 우선 학교 건물을 떠올릴지도 몰라. 하지만 그건 학교 '건물'이지 학교는 아니지. 그 다음에는 학교에 있는 사람들, 수십 명의 교사와 수많은 친구들을 생각할지도 모르겠구나. 하지만 그것도 학교에 있는 '사람들'이지 학교 그 자체는 아니야. 어떤 친구는 수업 풍경이나 규칙들을 떠올릴 수도 있겠다. 그렇지만 그게 학교 그 자체일 리는 없지. 그렇다면 '자, 이것이 학교다' 하고 눈에 보이는 형태로 보여줄 수 있을까?

그래, 그건 불가능해. 매우 이상하게 들리겠지만 '학교'라는 뭔가를 눈으로 본 적이 있는 사람은 없어. 그런데도 사람들은 그게 뭔가 눈에 보이는 물질처럼 자기 바깥에, 자기보다 먼저 이미 존재한다는 착각

속에서 하루하루 살아 가지.

'사회' 도 학교와 마찬가지야. 하긴, '학교에 간다' 는 말은 해도 '사회에 간다' 고는 말하지 않으니 착각하는 내용이 다를 수도 있겠네. 사람들이 막연히 '사회' 라고 말할 때 뭔가 선명하지 않은 건 그게 학교 이상의 개념이기 때문이지.

다시 돌아가서 생각해 보자. '사회' 란 도대체 어디에, 또 어떻게 존재하고 있는 걸까?

눈에는 보이지 않는데 존재하는 것, 그것을 생각이나 사유라고 한다고 앞에서 말했지. 여기서는 생각이나 사유를 모아 '관념' 이라고 부르기로 하자. 생소해서 어렵게 들릴지 몰라도 그렇게 어려운 말이 아니야. 단지 '부르기 위해 지어낸 이름' 으로, 너희들이 평소 생각하고 사유하는 걸 가리키는 말이야.

'사회' 는 분명히 그런 '관념' 이지, 물건처럼 내 바깥에 따로 존재하고 있는 무엇은 아니야. 앞에서 알게 되었듯이 뭔가를 생각하고 사유하는 건 오로지 자기 자신뿐이어서 관념이 자기 '바깥' 에 존재할 수는 없어. '사회' 는 나와 또 너희들 '안' 에 관념으로 존재하는 거지. 아니, '안' 이라는 표현도 사실은 딱 맞는 게 아니지. 앞에서 뫼비우스의 띠 얘기를 하면서 안과 밖에 대해 사유했던 것, 혹시 기억나니? 안과 밖은 서로 이어져 있어서 사실은 따로 존재하지 않는다는 이야기. 물건처럼 내 밖에 존재하고 있는 듯 여겨지는 '사회', 이 사회라고 하는 현실도 우리 모두가 마음속으로 생각한 관념들이 겉으로 드러난 거야.

관념이 현실을 만들지, 현실이 관념을 만드는 건 결코 아니야.

이런 사실을 안다는 건 아주 중요해. 이걸 제대로 알 수 있게 되면

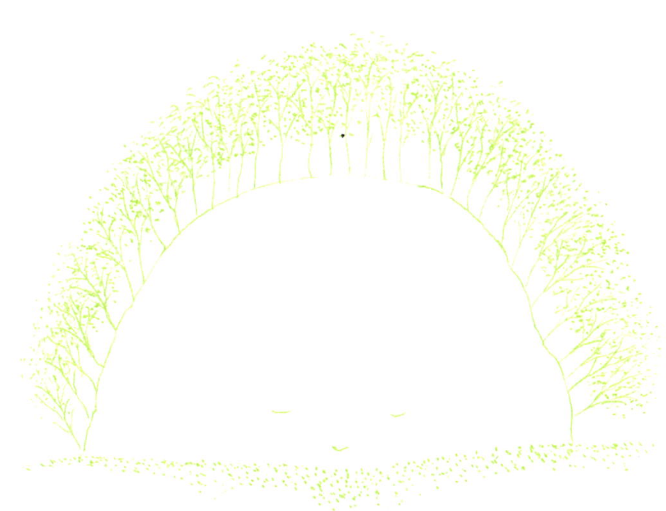

나무와 산은 어떤 관계일까.

모든 존재가 그렇게 만들어져 있다는 것도 깨달을 수 있거든. '사회'라는 존재를 눈으로 본 사람도 없는데 사람들은 왠지 자기 밖에, 자기보다도 앞서 존재하고 있다고 생각하지. 아니, 그런 착각에 빠져 있어. 사람들은 '사회'라는 게 자기 자신을 비롯해 모두가 생각하고 사유해서 만든 관념일 뿐이라는 사실을 잊고 있어. 웬만큼 깊게 사유하지 않으면 자칫하면 그런 생각에 빠져 들기 마련이야.

내 밖에 존재한다고 여겨지는 사회라는 걸 찬찬히 살펴보자. 그 사회라는 곳에 실제로 존재하는 것은 그와 같은 생각에 빠져 있는 사람들일 뿐이야. 그런 사람들이 모여 있는 걸 사람들은 '사회'라 부르고 있어.

'없다'여도 '있다'고 자꾸 생각하게 되면 당연히 있는 것처럼 돼. 내 바깥에, 어떤 물질처럼 있는 사회는 당연히 나와 대립하고 있다고 생각하게 되지. 사회는 개인을 구속하는 귀찮고 번거로운 것이라고 말하는 사람의 판단이 그런 거야. 그러다 보니 그게 극단적으로 드러난 것이 자기와 잘 맞지 않거나 마음대로 되지 않으면 모든 걸 사회가 나빠서라거나 사회 탓으로 돌리는 태도를 보이지. 그렇지만 사회가 자기 밖에 있다고 생각하는 건 누구도 아닌 바로 그 사람이야. 자기 스스로 그런 생각에 빠져 있을 뿐인데 과연 무엇을, 또 누구를 나무라고 있는 걸까?

사회도 바꿔야겠지만 우선 내가 먼저 변하는 게 중요해. 무엇이든 곧장 남 탓으로 돌리는 그 태도를 가장 먼저 바꿔야 해. 다들 무슨 일이든 남 탓으로 돌리려 드는데, 그런 사람이 모인 사회가 좋은 사회가 될 수 있겠니? 사회란 사람들 저마다의 관념인 까닭에 각자가 좋아지지 않고서 사회를 좋게 만드는 길은 어디에도 없어. 현실을 만들고 있는 건 어디까지나 관념이지. 관념이 변하지 않으면 현실도 변하지 않아. 사회 탓으로 돌릴 수 있는 건 아무것도 없어.

이 세상 모든 것은 사람들의 관념이 만들어 내고 있다는 뜻에서 보면 어쩌면 모든 것이 환상이라고 해도 좋겠지. 이 점을 분명히 자각할 수 있으면 좋겠어.

국가라는 존재도 사회와 마찬가지로 사람들의 관념이 만들어 낸 무엇이야. 너희들 가운데 누구든 '대한민국'이라는 나라가 태극기라 부르는 국기나 애국가, 또는 국토가 아닌 다른 뭔가로 존재하고 있는 걸 본 적이 있니? 하지만 '국가' 하면 떠올리는 국기, 국가, 국토도 단지 깃발, 노래, 땅일 뿐 대한민국 그 자체는 아니야. 대한민국은 그 어디에도 없어. 사람들의 관념 속에만 있을 뿐이지. 그런데도 사람들은 '대한민국'이라는 나라가 어딘가에 물질처럼 존재한다고 생각해. 그것이 관념이라는 사실을 잊고 국가를 위해 목숨 걸고 전쟁을 하기도 하지. 관념을 위해 목숨을 버리는 일이 가능한 건 생물 가운데 오로지 인간뿐이야. 아주 근원적인 나는 어느 특정한 누구도 아니지. 무슨 까닭에서인지는 잘 모르지만, 아무튼 한국이라는 나라에 태어나서 한국인이 되었다는 사실을 자각하는 너희들이라면 아마 잘 알 수 있겠지.

결국 '사회'란 '여러 사람이 모여 있는 곳'이라는 단순한 정의 그 이상의 것은 아니야. 그 이상의 의미는 사람이 만들어 낸 관념이라고 할 수 있어. 여러 사람들이 모이면 여러 관념이 모이고 뒤섞여 서로 싸우기도 하지. 그러다 그 가운데 가장 지배적인 관념, 곧 가장 많은 사람이 생각하는 어떤 관념이 그 집단을 지배하게 돼. 이것이 바로 이른바 '시대'라는 거야. 이것도 사람들이 만들어 낸 관념이지. '사회의 움직임'을 곧 '관념의 움직임'으로 보는 눈을 기를 필요가 있어. 그러다 보면 눈에 보이는 것으로만 판단하지 않고 점점 눈에 보이지 않는 것으로도 판단할 수 있게 될 거야.

'사회'라는 말과는 좀 다른 뉘앙스로 쓰이는 '세상'이라는 말이 있어. 너희들 말을 빌면 "다들 그렇게 말하잖아." "다들 그렇게 생각하고 있다니까." 할 때의 '다들'과 같은 뉘앙스라고 하면 느낌이 올지 모르겠군.

그런데 너희들이 자주 갖다 붙이는 바로 그 '다들'이란 건 누구를 말하는 걸까? 너희들이 말하고 행동하는 것들이 '다들' 말하고 행동하는 것들과 그대로 일치해야만 하는 이유 같은 건 없어. 세상이, 또는 다들 그렇게 생각한다고 그게 늘 올바른 건 아니니까. 모두가 아무 생각 없이 빠져 있어 제대로 파악하지 못하더라도 이런 사회 통념들을 하나하나 정확하게 꿰뚫어보고 갈 수 있는 그런 사람이 되도록 하자. 어때, 좋지?

‘복도에서 뛰면 안 된다’ 는 규칙이 있지. 왜 이런 규칙이 생겼을까? 아마 복도에서 뛰면 시끄러우니까, 또 넘어지거나 서로 부딪쳐서 다칠까봐 그런 규칙이 만들어졌을 거야.

‘머리를 염색하면 안 된다’ 는 규칙도 있지. 이건 또 어떨까? 왜 이런 규칙이 생겼을까? 멋부리는 데만 신경 쓰느라 공부를 소홀히 할 가능성이 많아서일까?

그런데 말이야, 때로는 누가 뭐래도 복도를 달리고 싶다거나 달려야만 할 때가 있지. 그럴 때면 ‘에이, 뭐하러 이런 규칙 같은 게 생겼을까?’ 하고 짜증이 나기도 하지. 머리 염색만 해도 그래. ‘멋부리고 싶어. 공부를 소홀히 하지 않을 자신도 있는데…’ 하는 생각이 들면 이런 규칙이 있다는 게 너무 억지처럼 여겨지지.

집단생활, 곧 이 세상의 사회생활에 규칙이 존재하는 이유는 뭘까? 학교 규칙은 그나마 헤아릴 수 있지만, 일반 사회생활에서 지켜야만

하는 규칙이나 법률은 도저히 헤아릴 수 없을 정도로 많지. 해야만 하
는 것과 해서는 안 될 것들이 수없이 많은 사회생활은 이런 의미에서
규칙의 집합체라고 해도 좋겠지.

왜 사회생활에는 규칙이 필요할까?

만약 규칙이 없다면 모두들 제멋대로여서 세상은 엉망진창이 될 테
고, 그러면 결국 사회생활이 불가능할 테고… 사람들은 예로부터 대
충 그런 식으로 말해 왔지. 여기엔 인간이란 존재는 가만히 내버려 두
면 제멋대로 나쁜 짓만 하는 존재다, 인간은 원래 악하다는 전제가 깔
려 있다는 사실을 너희들은 이미 알아챘을 거야.

그런데 조금 더 진지하게 사유해 보면 아직 의심받지 않은 두 가지
전제가 있어. 하나는 '나쁜 짓'이라고 할 때 그 '나쁜'은 뭘까, 진짜로
나쁜 걸까 하는 거야. 두 번째는 왜 사회생활이 성립해야만 하는 걸까
하는 거지. 이 물음은 달리 표현하면 '왜 생활해야만 하지'가 되고, 더
나아가 '사람은 왜 사는 걸까' 하는 궁극적인 물음과도 이어지지.

선악이라는 문제와 인생의 의미에 대해서는 나중에 더 깊이 살펴보
기로 하고, 여기서는 규칙의 필요성만 사유해 보기로 하자. 앞에서 말
한 두 가지 전제를 납득할 수 없다면 규칙 같은 건 필요 없다고 여길
테고, 있다 해도 지키려 들지 않겠지. 알기 쉽게 너희들 주변의 문제
로 사유해 보자.

너희들은 규칙이 필요하다고 생각하니? 지키지 않으면 안 되는 거
라고 생각하니?

이를테면 말이야, 어쩌다 복도를 마구 달리고 싶을 때가 있지. 그럴

때면 '복도에서 뛰면 안 된다' 는 규칙 따위가 신경 쓰이지. 속으로는 전혀 지키고 싶지 않지만 규칙이니까 할 수 없이 지켜야만 한다고 생각할지도 모르겠다. 그런데 만약 복도에서 뛰고 싶다는 생각이 전혀 없으면, 아예 관심조차 없다면 그런 규칙이 있든 없든 아무런 상관이 없겠지? 뛰고 싶은 생각이 애초에 없기 때문 에 혹 그런 규칙이 있다 해도 아무 상관이 없어. 그 사람이 복도에서 뛰지 않는 건 규칙을 지키려 한 건 아니지만 결과적으로는 지키고 있는 셈이 돼.

규칙과 자유, 규칙과 부자유의 관계도 이와 비슷해. 누구든 규칙으로 금지된 것에 관심이 있고 없고에 따라 규칙을 자유로, 또는 부자유로도 느낄 수 있기 때문이야. 아예 처음부터 복도에서 뛸 마음이 전혀 없는 사람에게 복도에서 뛰지 말라고 금지하거나 명령하는 일은 불가능하지. 그 사람은 복도에서 뛰는 행위가 금지인지 아닌지 아예 관심이 없으니까.

규칙이란 자유를 규제하는 부자유스러운 것이라고 여기고 있는 사람들이 많아. 이것은 바꿔 말하면 많은 사람들이 규제하고 있는 어떤 것에 관심을 두고 있다는 말이지.

예를 들어, 수단 방법을 가리지 않고 돈을 많이 갖고 싶어하는 사람에게 '도둑질해서는 안 된다' 고 규정한 법은 그의 자유를 구속하는 셈이야. 강제로라도 섹스를 하지 않고는 못 견디는 사람에게 '강간해서는 안 된다' 는 규칙은 부자유지. 또 어떻게 해서든 누군가를 죽이겠다고 마음먹은 사람에게 '살인 금지' 라는 법은 부자유임에 틀림없어.

하지만 도둑질이나 폭행, 살인에 아무런 관심이 없는 사람은 그런 법이 필요하지 않을 뿐 아니라, 있어도 그게 자기를 구속한다고 느끼지 않아. 그 사람의 자유는 조금도 규제받지 않는 셈이지. 만약 이 세상에 사는 모든 이들이 그처럼 자유로운 사람들이라면 법 같은 건 전혀 필요 없지 않았을까? 하지만 이 세상에는 가만히 내버려 두면 그런 행위를 할 사람들이 자꾸 생겨서 법이라는 규칙이 있지.

그렇게 규칙이 필요한 이유를 인정한다 해도 여기서 한 가지 주의를 기울였으면 해. 법은 무엇을 '해서는 안 된다'고 규정할 뿐, 무엇이 '나쁘다'고 규정하고 있지는 않다는 점이야.

만약 법률로 '안 된다'고 규정한 사항들이 모두 나쁜 행위여서라면 그런 법률이 가능하기나 할까? 다시 말해 어떤 사람들이 나쁘다고 규정한 것을 법으로 정한다 해도, 누군가는 그걸 나쁘다고 여기지 않을 수도 있잖아, 어떻게 하지?

이 문제는 나중에 '선과 악'이라는 장에서 더 사유하기로 하자.

"도둑질이나 살인같은 극단적인 예를 들어 규칙이 필요하다고 하지 마세요. 도대체 머리를 물들이는 일이 왜 안 되죠?"

왜 그런 규칙이 있는지 도무지 납득할 수 없다고 분개하는 너희 들, 그 기분은 아주 잘 알아. 멋부리기에 관심을 갖는 게 안 된다니, 쉽게 납득할 수 없는 것도 당연해. 하지만 이렇게 한번 사유해 보면 어떨까? '왜 나는 멋부리기에 관심이 있을까, 왜 머리에 노란 물을 들이려고 하는 걸까' 하고 말이야. 관심의 동기나 목적을 냉정하게 분석해 보렴. '멋있게 보이고 싶다. 왜 멋있게 보이고 싶지? 사람들에게 인정받고 싶어. 왜 인정받고 싶을까? 그렇게 하지 않으면 왠지 자신감이 사라져 버려' 하는 식으로 말이지. 그러다 보면 자신의 진정한 관심이

나 진심으로 하고 싶은 것들이 서서히 보이지 않을까? 그리고 마지막에 물었으면 하는 건 당연히 '내가 정말로 하고 싶은 게 뭐지' '뭘 위해 살고 있지…' 같은 삶의 의미들이야. 그렇게 자꾸 묻다 보면 진심으로 하고 싶다고 생각했던 것도 왠지 진정한 바람은 아니었다는 걸 깨닫게 될지도 몰라.

법은 인간의 본성을 악하다고 보는 바로 그 인간이 만든 거라서, 당연히 옳지 못한 것도 있어. 그것이 이른바 '악법'이야. '머리를 물들이면 안 된다' 같은 것도 어쩌면 악법의 일종일지도 몰라.

그 당시를 살던 인간이 그때 그때 맞춰서 만든 거니까 법이나 규칙을 정하는 방식도 반드시 올바르지만은 않았겠지. "내가 뭘 잘못했는데? 세상에 그런 법이라도 있니?" 하고 곧잘 억지를 부리는 친구들도 있어. 얼핏 들으면 법이 틀렸다고 말하는 것 같지만, 오히려 법으로 정해 놓은 건 반드시 옳다고 생각하고 있는 셈이야.

음, 법이 반드시 옳은 것만은 아니라고 한다면 그 '옳음'은 어디에 있을까? 그래, 바로 자기 자신에게 있어. 선악을 올바르게 판단하는 기준은 오로지 자기뿐이지,

물론 사람에게는 자기가 하고 싶은 일을 할 자유가 있어. 그 자유에는 나쁜 일을 할 자유도 포함되어 있지. 하지만 나쁜 일을 할 자유는 실은 진정한 자유가 아냐. 선과 악을 자기 스스로 판단하는 것, 그것을 할 수 있음이 바로 진정한 자유지. '내가 자유롭게 정한다' 는 말의 진정한 뜻이기도 하고.

그런데 우리나라는 헌법으로 국민이 자유롭게 살 권리를 보장하고 있어. 헌법에서는 자유의 권리를 '하늘이 내려 준 것'으로, 이 세상에

태어난 모든 사람이 처음부터 지닌 거라고 규정해. 아주 멋진 말처럼 들리지만 조금만 깊이 생각하면 뭔가 이상하다는 걸 알아차리게 돼. 만약 하늘이 우리에게 자유라는 권리를 처음부터 주었다면 그 권리를 어떤 나라의 헌법이라는 형태로 보장할 필요 같은 건 없을 텐데 말이야. 선악을 판단하는 권리, 곧 자유의 권리는 자기 자신에게 있고, 이 세상에 태어난 모든 사람들이 지녔을 테니까.

하지만 많은 사람들은 그 권리를 스스로 내버리고 돌아보지 않고 있어. 그러면서 자유는 국가나 사회나 법이 가져다 준다는 잘못된 생각에 빠져 있지. 결국 자기 자신이 처음부터 지닌 자유를 밖에 있는 뭔가에게 요구하는 참으로 엄청난 오류를 범하고 있는 거야. 너희들은 이런 요구가 충족될 리 없다는 걸 잘 알고 있을 거야. 자유는 자신의 내면에 있다는 사실을 이미 알고 있으니까. 그리고 우리 사회의 다양한 규칙들은 사회 구성원들의 편의, 곧 모든 구성원들이 서로 좀 더 편하게 살기 위해 있다고 알아 두면 너희들의 자유는 조금도 침해당하지 않을 거야.

너희들에게는 자기가 하고 싶은 걸 할 자유가 있어. 만약에 살고 싶지 않으면 죽을 자유도 있지. 그럼에도 너희들은 지금 죽지 않고 살고 있으니 삶을 선택한 걸로 볼 수 있겠지? 그러니 살아 가기 위해 지켜야 할 의무 같은 것들도 당연히 선택하고 있는 셈이야. 보통 '의무란 하지 않으면 안 되는 것'이라고 부정적이고 소극적으로 생각하니까 싫어지는 거지. 의무 또한 나 스스로 선택했다고 적극적으로 생각하면 아마 마음이 편할 걸. 물론 어른이 되어 납세의 의무니 뭐니 하면서 고지서가 막 날아와서 '이거, 세금이 너무 많잖아!' 하는 생각이 들 때도 있겠지. 하지만 바로 그 때도 '내가 선택했지!'를 떠올려 봐. 아주 잠깐만이라도!

'하긴 진정한 법은 내 안에 있는 거야. 어차피 바깥의 법이나 규칙 같은 건 지켜 주면 되지 뭐' 하는 정도로 가볍게 대응하는 건 어떨까? 그렇지만 누가 뭐래도 머리에 노란 물을 들이고 싶거나 하고 싶은 게 있다면, 그래서 이런 교칙은 깨져야 한다고 생각한다면, 그 정도의 각오와 책임을 가지고 깨면 돼. 왜냐면 그게 너희들이 진정으로 하고 싶어하는 거니까. 너희들이 너희 인생에서 진정으로 하고 싶은 걸, 너희들이 자유롭게 정했으니까, 규칙을 어겼다고 벌을 받는다 해도 후회 같은 건 결코 하지 않겠지?

　"장래 되고 싶은 이상형이 어떤 사람이지? 하고 누군가 물어 보면, 너희는 누굴 떠올릴까? 어쩌면 '이상형'이니 하는 것에 슬슬 저항감을 느끼기 시작했을지도 모르겠다.

　아마 초등학생 무렵 이런 질문을 받으면 '이상으로 생각하는 사람'과 '존경하는 사람'이 뒤섞이면서 "아인슈타인이 제 이상형이에요." "나는 박찬호야." 하고 씩씩하게 대답했을 테지. 그 무렵에는 '훌륭하다'고 생각하는 것과 '나도 그렇게 되고 싶다'가 서로 다르지 않았던 거지.

　그러다 고등학생 정도가 되면 누군가를 훌륭하다고 생각한다는 자체가 왠지 쑥스러운 일이 되지. 그런 말은 아예 친구들 사이에서 화젯거리도 안 될 뿐더러, 장차 뭐가 되고 싶다거나 하는 이야기는 거의 입에 올리지 않게 돼. 어떤 사람처럼 되고 싶다는 생각이 들 때도 있지만 나한테는 역시 무리야 하는 식으로 차츰 망설이곤 하지. 그러다 어른이 되면 거의 대부분 그런 이야기들을 잊고 살아. 심지어는 '이렇게 되고 싶다, 이렇게 하고 싶다' 같은 이상을 말하는 사람이 있으면 "뭘 그렇게 아직도 애들처럼 그런 말을 해." 하며 놀리기도 하지. 이렇게 변해 가는 모습을 두고 어른들은 '현실적으로 되어 가는 거'라고 말하곤 해. 말하자면 현실은 이상과는 반대쪽에 있는 거라는 생각을 굳혀 간다고나 할까.

보통 사람들은 자신이 꿈꾸는 사람과 현실의 나, 꿈꾸는 생활과 현실의 생활, 꿈꾸는 사회와 현실의 사회, 이런 식으로 둘을 구분하고 완전히 상반된 거라고 생각해. 그런데 과연 그럴까?

예를 들어 누군가가 박찬호를 자기 이상형으로 밝혔다고 하자. 분명 자기도 언젠가는 그렇게 되고 싶다고 생각하는 거겠지. 그래서 그 이상형처럼 되기 위해 날마다 쉬지 않고 열심히 연습할 거고, 작은 어려움 따위는 힘들다 여기지도 않겠지. 마음 약한 소리는 입 밖에 내지 않으려고 자주 입을 앙 다물기도 하고. 또 자기가 품고 있는 꿈을 꼭 현실로 만들어야지 하는 마음으로 열심히 노력하니까 꼭 꿈을 이루게 될 거라고 굳게 믿고 있겠지?

이상을 좇아 씩씩하게 사는 사람의 하루하루, 곧 그의 현실은 이미 이상 그 자체라고 해도 좋지 않을까? 물론 그 사람은 그 사람일 뿐 박찬호가 아니어서 그 사람이 '실제로' 전국 리그까지 가고 세계를 무대로 뛰게 될지 어떨지 장담할 수는 없지만. 그렇게 노력하는 그것만으로도 충분하지 않을까? 그 사람은 그 사람이니까, 그 사람 나름의 방식으로 '박찬호처럼' 되면 되는 것 아닐까? 가령 시골 마을 야구 선수로 머무른다 해도 '박찬호처럼' 되겠다는 꿈을 갖고 이상을 잃지 않고 계속 노력한다면, 바로 그것이 그 사람이 꿈꾸던 이상을 실현했다고 할 수 있지 않을까. 물론 실제로 전국 리그까지 갈 수 있으면 그 또한 멋진 일일 테고. 그렇게 실제로 엄청난 성과를 보여 주곤 하는 사람들은 처음부터 현실인 이상, 그러니까 자신이 원래 해야 하는 일인 천직을 잘 알고 있었다고 할 수 있어.

만약에 박찬호처럼 되고 싶어하는 그 사람이 지금 '실제로' 전국 리그에 갈 수 없다는 사실로 자책하고 "어차피 현실은 그렇지, 뭐." 하는 말을 내뱉는 순간, 바로 그것이 그 사람의 현실이 되고 말아.

이상과 현실은 서로 달라서 현실에서는 도저히 좇지 못하는 무지개 같은 게 이상이라는 생각은 사실 맞지 않아. 그렇게 만드는 건 그 사람일 뿐이지. 자기 스스로 '이상과 현실은 다르다' 고 생각하니, 이상이 현실로 될 수 없는 건 당연하지 않을까?

관념이 현실을 만드는 거지, 그 반대는 아니라고 앞에서 말했던 걸 혹시 기억하니? 생각이나 사유가 상황과 환경을 만들어 내지, 상황과 환경이 그런 생각과 사유를 만들어 내지는 않아. 그러므로 이상이야말로 현실을 만들고 있는 거라고 분명히 강조하고 싶어. 이상을 잃지만 않는다면 그건 이미 현실로 존재하게 돼.

잘 생각해 봐. 자기 안에 어떤 이상이 없는 사람이 과연 뭔가를 할 수 있을까? 뭔가를 한다는 것은 반드시 뭔가를 '향해서' 하는 일이야. 걷는 것만 해도 그래. 어디에 가기 위해서라든지, 건강을 위해서, 또는 걷는 것이 즐거워서 같은 이유가 있지. 물건을 집는 것도 그 물건을 집어야지 하는 목표가 있기에 할 수 있어. 그 무엇이든 하고 싶은 이유나 목표가 없으면 할 수 없다는 것, 이젠 다들 알겠지?

왜 사람들은 끝없이 뭔가를 하고 있을까? 그건 그렇게 하는 게 자기에게 '좋다'고 생각하기 때문일 거야. 걷고 있다면 걷는 게, 뛰고 있다면 뛰는 게, 그 순간 자기 자신에게 좋다고 생각하기 때문에 '그것'을 해. 자기에게 나쁘다고 생각하면서 일부러 할 사람은 없을 거야. 그러니까 사람이 뭔가를 한다는 건 반드시 자기에게 좋다고 생각하는 쪽을 향해 가고 있다는 걸 뜻하지.

이 말은, 사람들이 뭔가를 한다는 건 반드시 자신의 이상을 좇아 가고 있다는 말과 같지 않을까? 사람에게 이상이 없다면 이미 이 세상에 살고 있지 않겠지. 아무것도 할 수 없으니까. 그런데 간혹 이렇게 말하는 사람들이 있긴 해. "난 이상이 없어. 바라는 게 없으니 살고 싶지도 않아." 하고. 사실 그런 말을 하는 사람들도 살 이유는 분명히 있어. 무슨 말이냐 하면, 어쨌든 밥은 먹잖아, 그렇게 의식하든 안 하든 '뭔가 먹어야지' 하는 건 어쨌든 자기에게 좋다고 생각하는 뭔가가 있는 셈이야. 그러니 살 이유가 충분히 있는 셈이지. 또 "어차피 현실은 그런 거야." 하고 불평만 늘어 놓는 사람이라도 실은 그게 자기에게 좋다고 생각하고 있어서 그러는 거지.

이 세상에 살고 있는 한 누구를 막론하고 자기의 이상에 따라, 그 이상을 향해 지금 이 현실에서 살고 있어. 그렇다면 말이야, 내가 하루하루 현실에 대한 불평만 늘어 놓고 있다면, 그렇게 사는 이 삶이 내 이상이라는 말인데, 그건 참 너무 허무하지 않니?

"어차피 현실은 그런 거야, 이상은 이상일 뿐이야." 하고 말하는 사람도 처음에는 그럴 듯한 이상을 가지고 있었음에 틀림없어. 아마도 어떤 고비를 만나 이상을 포기했을 수도 있고, 이상을 실현시키느라 특별히 노력도 않는 터라 자기변명이라도 하는 심정으로 그런 불평을 하고 있는지도 몰라.

그래도 진심으로 이것만은 명심했으면 해. 노력을 내팽개친 이상은 단순한 공상 또는 막연한 동경에 지나지 않아. 단순한 공상이 현실이 될 리 만무하겠지. 이상을 실현하려고 노력하는 그게 바로 현실이니까.

부디 이 글을 읽는 친구들은 이상이 없으면 현실도 없다는 걸 아주 희미하게라도 실감할 수 있었으면 좋겠어. 눈에 보이는 너희들 각자의 삶을 포함해, 가장 근원에서 이 사회를 움직이고 있는 건 바로 이 이상이야. 눈에 보이지 않는 관념인 '이상' 말이야. '더 나아지고 싶고, 더 잘하고 싶어'라는, 현실의 원동력이 되는 그런 생각들을 뜻하지.

그런데 안타깝게도 이런 사실을 깨닫고 있는 어른은 아주 드물어. 그래서 어쩌다 너희들이 이상을 말하면 "좀 더 현실을 직시하도록 해." 하며 쏘아붙이는 어른들이 있을 수도 있어. 하지만 단지 눈앞에 보이는 현실만 보고, 보이지 않는 현실을 보지 못하는 이들은 바로 그 어른들이니까 적당히 듣고 그냥 흘려 버려도 괜찮아.

자 그럼, 이야기를 좀 더 확대시켜 볼까. 우리 모두는 이 사회에 속해 있어서 이 사회가 나아지지 않으면 우리 삶도 나아질 리 없겠지. 이 당연한 사실을 깨달은 사람들은 옛날부터 '더 나은' 사회, 곧 '이상적인' 사회를 실현하려고 노력해 왔어. 유토피아, 전쟁이나 가난이 없는 사회, 누구나 평등하게 살아 가는 사회를 꿈꾸어 왔지. 그런데 그런 노력은 대부분 실패할 수밖에 없었어. 왜 그랬을까? 이상이란 현실 바로 그 자체라고 했는데, 왜 이상으로 삼았던 사회가 현실이 되지 못했던 걸까?

가장 간단한 대답은, 사람들이 품었던 이상이 진짜 이상이 아니라 단순한 공상이나 막연한 동경이었기 때문이야. 가령 가장 가까운 예를 하나 들어 보자. 20세기 들어서 많은 사람들이 이상으로 삼았던 사회주의라는 게 있어. 너희들이 알고 있는지 몰라도 사회주의는 사실 보기 좋게 실패하고 말았지. 수많은 사람들이 사회주의 세상을 만들기 위해 온갖 희생을 감수하며 헌신적으로 노력했지만, 노력하면 할수록 현실은 더욱 더 이상과는 멀리 떨어져 가는 것이 우리 앞에 드러났어.

그렇게 드러난 현실을 보고 사람들은 이렇게 말하곤 했지. "처음부터 그렇게 될 줄 알았어, 이상을 현실로 만드는 건 불가능하거든." 하고. 하지만 진짜 이유는 다른 데 있어. 진짜 이유는 사람들이 눈에 보이는 현실만 보고 눈에 보이지 않는 관념을 보지 않았기 때문이야. 사회주의 건설을 위해 밤낮없이 노력하던 사람들이 가지고 있던 관념은 '눈에 보이는 현실만이 현실'이라는 거였어. 다시 말하면 사회를 눈에 보이는 어떤 물질로 여기고 눈앞에 펼쳐진 현실, 곧 전쟁이나 가난, 불평등 따위로 생기는 사람들의 고통을 모두 사회 탓으로 돌리는 그런 관념 말이야. 하지만 잘 사유해 보면 개인과 사회는 따로 있는 것이 아니니까 각 개인의 상황을 모두 사회 탓으로 돌릴 수 없다는 건 너무 분명하지. 그리고 선악의 판단은 사회에 맡기지 않고 저마다 자기 안에서 해야 하는 일이라는 것도 잘 알겠지?

현실을 움직이는 건 관념이어서 관념이 바뀌지 않으면 현실도 바뀌지 않는 거야. '더 나은 사회에서, 더 잘 산다'는 관념이 진정으로 뭘 뜻하는지 자기 스스로 판단하지 않은 사람들이 무리지어 당을 만들고, 자기 자신이 나아지려는 노력 없이 사회만 바꾸려고 한 셈이야. 설령 그런 사회가 실현됐다 하더라도 내용은 그 전과 하나도 달라지지 않을 거란 건 너무도 당연한 일이 아닐까?

올바른 방식으로 이상을 가진다는 건 무척 어려운 일이야. 사람들은 어떻게든 이상이 당장 눈앞에 드러났으면 하고, 또 '실제로' 실현 가능한지 불가능한지 그것에만 집착하곤 해. 하지만 이상은 당장 눈에 보이는 게 아니야. 다만 눈에 보이는 현실을, 보이지 않는 힘으로 한 걸음 한 걸음 차근차근 움직이고 있을 따름이지. 이상은 그처럼 보이지 않는 힘으로 작용하다 보니 안타깝게도 이상이 곧 현실이라는 사실을 사람들은 곧잘 잊어 버려.

실제로 눈에 보이는 현실에는 전쟁이나 가난, 그리고 심각한 불평등이 잔뜩 도사리고 있어. 너희들 중에도 꿈을 가진 사람들이 있다면 그런 잘못된 현실을 바꾸고 싶다는 생각도 하겠지. 이상적인 사회를 이루기 위해 다양한 활동도 하고, 함께 힘을 모아 이 세상을 바꿔 보자고 사람들에게 호소도 하겠지. 그렇게 힘을 쏟다가도 자꾸 벽에 부딪히면 자기 힘으로는 도저히 이룰 수 없는 일이라는 생각을 할지도 모르겠어. "아! 역시 현실이란…." 하면서 좌절할 수도 있겠고.

하지만, 이상과 현실은 따로따로 있는 게 아니어서 너희들이 이상을 계속 지니고 있는 한, 그것만으로도 좌절은 없을 거야. 이상을 잃지 않고 있는 그 자체만으로도 확고한 현실의 힘이 되어, 이 세상의

도토리 속에 아름드리 참나무가 '이미' 들어 있듯
천리길도 한 걸음 '속에' 있지 않을까?

가장 근원에서 분명하고도 지속적으로 작용할 테니까. 물론 세상에는 너무나 다른 각양각색의 사람들이 있고 저마다 꿈꾸는 것이 다르기 때문에 내가 꿈꾸는 대로 당장 실현되지는 않겠지만. 그래도 너희들이 이상을 잃지만 않으면 언젠가는 반드시 실현될 거야. 틀림없이!

　친구 때문에 고민하는 사람들이 많을 거야. 친구가 몇 명 안 된다, 친구가 없다, 주위 사람들이 따돌린다고 고민하는 사람들도 분명 있겠지? 어떤 사람들은 친구가 많은 걸 리스트까지 만들어 자랑하고 다닌다고도 하던데….

　사람들에게 그처럼 중요한 관심사인 친구, 과연 어떤 존재일까? 또 친구가 '있고 없고'가 왜 그렇게 큰 문제로 여겨질까?

　너희들은 친구가 없다고 고민하다가 왜 그게 고민거리인지 사유해 본 적 있니?

　쉬는 시간이나 집에 가는 길에 곁에 아무도 없으면 외롭기도 하고, 왠지 초라한 느낌이 들기도 하지. 그래, 혼자 있으면 좀 쓸쓸하기도 하고 초라해지기도 해. 그런데 말이야, 여기서 잠깐 상상해 보자. 그렇게 아무도 없이 혼자 있다는 게, 별 의미 없는 친구와 있는 것보다 더 시시한 걸까? 의미 없는 친구와 같이 있는 편이 사실은 혼자 있는 것보다 더 시시하지 않을까?

음, 너희들은 의미 없는 친구가 아니라 재미있는 친구가 곁에 있었으면 싶지. 농담도 잘 하고 잘 노는, 다시 말하면 재미있는 놀이 친구가. 그런데 만약 그 재미있는 놀이 친구가 잘 놀기도 하고 재미있기는 하지만, 너희들이 가장 흥미를 느끼고 알고 싶어하는 걸 같이 얘기하고 나눌 수 없다면 어떻게 하지? 너희들이 흥미 있어 하는 것에 전혀 관심이 없다면 말이야.

예를 들어 '삶이란 무엇일까?' '왜 나는 나이고 너가 아닐까?' 같은 것에 대해서 말이지. 나는 친구들과 그런 이야기를 나누고 싶지만 그 친구는 전혀 흥미도 보이지 않고 서로 통하지 않는다면 결국에는 그 재미있는 놀이 친구도 어느새 시시해지지 않을까?

내가 친구에게 정말로 바라는 게 뭔지 한 번만이라도 차근차근 생각해 보면 좋겠어. 그냥 모여서 왁자지껄 수다 떠는 재미만을 위한 친구란 의미 또한 그 정도에 불과한 경우가 많아. 정말로 재미있고 결코 시시해지지 않는 친구는 중요한 뭔가를 나눌 수 있는 친구지. 중요한 이야기를 서로 나누기 때문에 참으로 신뢰할 수 있는 사이인 거야. 그 '중요한 무엇' 이야말로 중요하다는 걸 서로 잘 알고 있어서 서로 믿을 수 있지. 이런 우정은 진정으로 필요해. 중요한 뭔가로 이어져 있으니 결코 깨지는 일도 없지.

사람들은 곧잘 '우정이 깨졌다' 고 말하곤 해. 하지만 깨지고 마는 우정은 진정한 우정이 아니었을 따름이야. 진정으로 중요한 뭔가로 서로 이어져 있었다기보다 이해 관계에 지나지 않았을 수도 있어. 그 사람과 친구가 되면 이건 이익이고 이건 손해라는 계산을 우정이라고 착각하고 있었을 뿐이지.

가장 알기 쉬운 예로 '돈'을 들어 보자. 너희들 중 누군가 늘 돈을 넉넉히 가지고 있어서 맛있는 것도 사 주고 게임방도 데려가곤 하니까, 그걸 보고 가까이 다가오는 친구가 있다고 하자. 그는 돈 많은 친구의 돈이 떨어지면 그 순간 바로 떠나가 버릴 거야. 그럴 때도 "우정이 깨졌어." 하며 분노할 필요가 있을까? 그건 얼토당토 않지. 애초에 그건 우정이 아니었으니까.

진정한 우정을 나누고 싶고 진정한 친구가 간절히 필요한데 아무도 없다고 고민하는 사람들이 많아. 하지만 없으면 없는 대로 그냥 그렇게 가면 돼. 진정한 친구를 찾을 때까지는 혼자라도 좋아, 왜 그렇게 생각하지 못할까?

"혼자 있는 건 너무 힘들어. 그렇게 견디고 싶지 않아." 이 말은 자기만의 고독을 견디지 못한다는 뜻이겠지. 하지만 자기만의 고독을 견디지 못하는 사람이 그 고독을 참지 못해 필요로 하는 친구는 역시 진정한 우정을 나누는 친구가 아니야. 진정한 우정은 자기만의 고독을 참아 낼 줄 아는 사람들 사이에서만 생겨나는 거니까.

어째서 그럴까? 자기 자신의 고독을 견뎌 낼 수 있다고 하는 건 자기 스스로 자기를 인정할 수 있고, 자기를 사랑할 줄 안다는 말이야. 고독을 사랑할 줄 아는 것은 자기를 사랑할 줄 아는 것과 같아. 자기를 사랑할 줄 모르는 사람은 어떻게 다른 사람을 사랑할지도 알 수 없는 법이지. 언뜻 보면 타인을 사랑하고 있는 듯하지만 사실은 자기를 사랑해 주는 누군가를 찾고 있을 뿐이야. 그 사람, 그 존재를 진정으로 사랑하고 있지는 않은 거지. '나를 사랑해 준다면 너를 사랑해 줄게' 하는 식의 계산이 사랑일 리가 없다는 사실은 너희들도 잘 알고 있겠지?

고독이란 아주 좋은 거야. 우정도 좋긴 하지만 고독은 진짜로 좋은 거지. 지금 당장은 '고독' 하면 나쁜 것, 도피하는 것, 어디 혼자 틀어박히는 것 정도로 생각할지 모르겠지만 이렇게 고독을 부정적으로 여기는 건 그 사람이 자기 자신을 사랑하는 방식을 모르기 때문에 그래. 자기를 사랑하기, 다시 말하면 자기 스스로 자기 자신을 만나는 방식을 알고 있으면 그 즐거움은 시시한 친구랑 있는 것하고는 비교할 수 없을 정도거든. 삶에서 정말 중요한 것들을 마음 가는 데까지 사유할 수 있으니까 말이야.

사유하기란 어떤 의미에서는 자기 자신과 대화하는 거라고 할 수 있어. 끊임없이 자기 자신과 이야기를 나누는 거지. 그래서 고독은 공허한 것이 아니라 무엇보다 풍성한 것이 될 수 있다고 봐. 오히려 이 사실을 깨닫고 나면 시시한 친구랑 지내는 시간이 더 공허하고 불필요한 시간인 것도 알게 될 거야.

친구가 필요하다고 무작정 밖으로 나서기 전에 혼자 가만히 앉아서 조용히 자기 자신을 바라보면 어떨까. 그처럼 자기 자신을 사랑하고, 고독을 맛볼 줄 아는 이들끼리 만날 수 있다면 그렇게 해서 생겨나는 우정이야말로 대단히 멋진 거지. 저마다 혼자서 사유하고 사유해서, 깊어질 대로 깊어진 소중한 뭔가를 나누고 확인하고 격려하면서 사유를 한층 더 풍성하게 할 수 있을 거야. 물론 별 말을 주고받지 않아도 괜찮아. 같은 방향을 바라보고 있다는 믿음이 서로 있으니까.

우정이란 껍질을 벗고 마음을 나누는 일.

진정한 우정을 깨닫는 일은 인생이 우리에게 주는 또 하나의 기쁨이야. 겉으로만 만날 뿐인 친구가 많은 것보다 단 한 사람이라도 진정한 친구를 찾는 게 좋아. 물론 조급해할 건 없어. 그런 생각을 간직하고 있으면 언젠가는 반드시 찾게 될 테니까. 그 때까지 너희들은 자기만의 고독을 훨씬 풍성하게 해 가면서 기다리면 돼. 만약 자신이 풍성해져 있지 않으면 정말 멋진 친구가 나타나도 응답할 수 없지 않을까?

음, 우정이란 친구와의 사랑을 말하지. 우정은 사랑의 한 모습이야. 그렇다면 사랑은 어떤 모습을 하고 있을까?

만약에 개나 고양이나 햄스터 같은 동물을 기르고 있다면 그들을 대할 때 느껴지는 기분, 그것이 사랑의 원점이야. 소중하고 사랑스럽고, 곁에 있어 주면 그것만으로도 좋다고 생각하지. 가끔 이빨로 물기도 하지만 이놈이 하는 거라면 괜찮아 하고 그냥 용서하게 돼. 다시 말하면 모든 것을 온전히 받아들이고 인정하는 조건 없는 사랑인 거지. 사랑은 조건이 없지.

물론 집에서 기르는 동물의 경우는 그들이 조건 없이 따르기 때문에 인간들도 조건 없이 받아들이기가 쉬워. 사람들끼리가 어렵지. 사람이 다른 사람을 무조건 사랑하기란 무척 어려운 일이야. 어떤 의미에서 사람들은 이걸 배우러 이 세상에서 살고 있다고도 할 수 있을 거야.

대부분의 부모들은 "나는 내 아이를 무조건적으로 사랑해요." 하면서, 부모의 사랑이야말로 사심 없는 사랑이라고 말해. '사심 없는 사랑', 다시 말해 내게 이렇게 이익이고 또 저렇게 손해라는 계산이 전혀 없는 사랑이지. 이렇게 상대를 온전히 인정하고 받아들일 수 있는 건 거기에 '내'가 없기 때문이야. 그런데 만약 부모가 자식을 내 아이라서 사랑한다면 부모가 사랑하는 것은 어쩌면 그 아이 자체가 아니라 자기 자신일지도 몰라. 사랑하고 있는 건 어디까지나 자기 자신일 뿐인지도 모르지.

앞에서 자기를 사랑할 수 없는 사람은 타인을 사랑하는 일이 불가능하다고 했어. 방금 말한, 부모가 정작 자기 자신만 사랑하는 거라는 말은 언뜻 앞에서 말한 것과는 반대인 것처럼 들릴지도 모르겠다. 헌데 그렇지 않아. 만약에 어떤 사람이 진정으로 자기 자신을 사랑한다면 타인에게 사랑을 구할 까닭이 없어. 그렇게 하지 않아도 자기가 자기를 사랑하고 있으니까.

너희 어머니들은 때때로 "엄마가 하는 말을 들어야지." 하면서 화를 내곤 해. 자기 말을 제대로 듣지 않는 아이를 온전히 인정하고 받아들일 수 없다면 아이를 진정 사랑하는 게 아닐 수도 있어. 물론 너희들을 진정으로 사랑하고 있어서 나무라는 일이 거의 대부분이겠지만. 진정으로 사랑하는지 어떤지는 어머니 자신보다 너희 쪽이 아마 더 잘 알거야. 이처럼 자기 자식조차 진정으로 사랑하기란 쉽지 않아. 하물며 미운 사람, 싫은 사람, 보지도 못한 사람을 사랑하려면 참 어렵겠지?

"왜 내가 좋아하는 사람만 사랑하면 안 돼? 어째서 싫어하는 사람까지 사랑해야 해?"라고 되묻고 싶지? 무척 소박한 물음이야.

그런데 그 답도 마찬가지로 소박해. 잘 들어 봐. 세상에는 자기가 싫어하는 사람, 미워하는 사람이 있어. 하지만 '저 사람은 정말 싫어,

미워!' 하는 그 기분이야말로 정말로 싫은 게 아닐까? 또 '자기 자신에게'도 싫은 것이지 않을까? 자기 자신에게 별 도움이 안 되는 것이면 아무튼 하지 않는 게 자신을 사랑하는 태도야. 자기를 사랑하는 사람은 그러므로 타인을 미워하려 들지 않아. 그렇지?

미운 사람, 싫은 사람도 "아, 그런 사람이구나." 하고 온전히 인정하고 받아들여야겠지. 물론 대단히 어려운 일이긴 해. 하지만 그게 바로 자기를 위하는 일이야. 다른 사람을 온전히 인정하고 받아들이지 못하면 자기 자신을 진정으로 사랑하는 것도 불가능하거든. 자기 자신을 사랑하지 않는 그런 삶을 살기란 무척 괴로워. 물론 미운 사람은 되도록 멀리하면 별 문제가 없을 수도 있겠지만, 자기 자신이 밉다고 어느 누가 자기 자신에게서 멀어질 수 있을까? 미운 자기 자신과 스물네 시간 내내 같이 있어야 한다는 사실은 당연히 괴롭겠지.

내가 바로 세상이고 모든 것이라고 '타인'이라는 장에서 배웠어. 그러니 자기를 사랑하는 게 그대로 세상을 사랑하는 거야. 만약에 너희들이 세상을 위해, 또 사람들을 위해 뭔가를 하고 싶다면 가장 먼저 해야 하는 게 뭘까? 벌써 알고들 있구나.

“누가 누구를 좋아한대!” 이런 이야기는 친구들 사이에선 언제나 최대의 관심사지. 다들 동성 친구 때문에 고민하기보다는 이성 친구에 대한 고민이 훨씬 더 클 거야. 왜 그럴까?

그 이유는 아주 단순해. 성욕 때문이지. 성욕, 다시 말해 섹스를 하고 싶다는 욕구 말이야. 왜 섹스를 하고 싶어할까? 무엇보다 자식을 낳아 자손을 퍼트리려는 생물적 본능이 섹스를 하고 싶게 만들기 때문이지. 성욕이란 식욕과 마찬가지로 본능적인 욕구로 그런 의미에서는 완전히 자연적인 거야.

그런데 생물로서 자손을 늘리려고 하는, 단지 그 이유뿐이라면 이야기는 무척 단순하겠지만, 인간이라는 생물은 그렇게 단순하게 살기가 힘들어. 다른 동물들은 거의가 정해진 발정기가 있어서 일 년 중에 일정한 시기에만 발정하고 섹스를 하지. 그런데 무슨 영문인지 인간만은 발정기가 없어. 발정기가 없다는 건 발정하지 않는다는 게 아니라 시도 때도 없이 일 년 내내 발정한다는 뜻이야. 언제나 섹스가 가능하고 또 언제나 섹스하고 싶어하는 상태에 있는 셈이지.

그러다 보니 성욕이 원래는 자손을 만들기 위한 본능적인 장치였다는 사실을 사람들은 잊어 버리게 됐어. 그리고는 섹스를 할 때 느끼는 쾌락 쪽에 더 관심을 기울이게 됐지. 게다가 섹스를 할 때마다 아이가 생기는 건 아주 곤란하니까 섹스를 하더라도 아이가 생기지 않는 방법을 이미 개발해 냈어. 섹스와 생식을 완전히 별개로 따로 떼어 놓게 된 거지. 다시 말하면 섹스의 목적을 생식이 아니라 쾌락에 한정시킬 수 있게 된 셈이야. 실제로 사람들은 섹스란 생식의 욕구가 아니라 쾌락의 욕구라고 생각해.

"누가 누구를 좋아한대!"라는 얘깃거리에 다들 정신 없이 빠져드는 이유는 바로 거기에 쾌락에 대한 예감이 있기 때문이야. 원래는 본능인데, 우리가 흔히 쓰는 섹스라는 말 속에는 이미 본능은 사라지고 쾌락의 욕구가 존재하고 있어. 본능인 식욕을 봐도, 사람들이 먹는 것 자체를 즐기게 되면서 다양한 음식 문화를 만들어 냈지. 본능이었던 성욕도 섹스 자체를 즐기게 되면서 다양한 성 문화를 만들어 냈어. 말하자면 식 문화에서 요리에 해당하는 것이 성 문화에서는 연애인 셈이야. 연애는 요리와 같아. 자연이 아니라 틀림없는 일종의 문화지. 인간의 성이 다른 동물과 달라서 이야기가 간단할 수 없는 까닭도 여기에 있어.

잘 납득이 안 된다고? 그럼 다시 한번 생각해 보자.

연애, 그러니까 누군가가 '특정한' 이성을 좋아하게 되는 거잖아, 그게 어떻게 본능적인 욕구일 수 있을까? 생명체를 유지하기 위한 식욕이 있고, 종족 보존을 위한 성욕이 있어. 자, 그렇다면 연애는 뭘 위해서 할까? 자연 법칙에 따르면 연애란 전혀 쓸모없는 것일 뿐이지. 만약에 연애가 자연적인 본능에 해당되는 거라면 연애 상대는 누구든 상관없지 않을까. 종족 번식이 연애의 목적이라면 어쨌든 수컷과 암컷만 있으면 그걸로 족할 테니까. 하지만 다들 알다시피 연애 상대는 반드시 특정한 누군가여야만 해. 하늘이는 강산이가 아니면 안 되지. 왜 그럴까?

이 이야기는 무척 신비롭고 재미있는 건데, 많은 사람들이 단지 순간적인 쾌락에만 관심을 둔 채 연애 상대와 성욕의 대상이 같다고 생각하곤 말아 버리지. 또 자주 헷갈리기도 하고 착각하기도 하고. 사실은 섹스가 하고 싶을 뿐인데 좋아한다고 생각하기도 하고, 섹스를 하게 되면 서로 좋아하는 거라고 생각하기도 해. 또 자기가 별로 좋아하지도 않고, 좋아하지 않는 걸 스스로도 잘 알지만 섹스가 하고 싶어 좋아한다고 말하기도 하지. 하긴 이런 경우는 일부러 착각했을 수도 있겠다. 음! 아무튼 인간의 성을 논하기가 얼마나 까다로운지 너희들도 몇 가지 경험 정도는 있어서 알겠지?

성에 대한 인간의 욕구는 무척 강력해서 어떤 측면에서는 이 세상을 움직이는 근원적인 에너지라고도 할 수 있어. 여자들이 치장하고 싶어하는 것도 이것 때문이고, 남성이 권력을 휘두르고 싶어하는 것도 이것 때문일 가능성이 많지. 성욕이라는 안경으로 세상을 보면 세상이 뭔가 좀 우스꽝스럽지. 아주 점잖은 얼굴을 하고 그럴 듯한 말을 하는 것도 어쩌면 호르몬 탓일 수도 있으니까 말이야. 그것을 꿰뚫어 보는 눈을 갖고 있으면 세상에는 '아! 그랬구나' 하고 납득할 수 있는 일들이 의외로 많아.

'많다'고 했지만 '모든 것'은 아냐. 앞에서 말했듯이, "인간은 어차피 그 정도밖에 안 돼." 하고 말하는 사람은 어차피 그 정도밖에 안 되는 사람이야. "어차피 인간은 섹스에만 관심이 있을 뿐이야." 하고 말하는 사람은 어차피 섹스뿐인 인간인 셈이지. 그런 사람은 호르몬의 충동만으로 행동하고, 섹스를 할 수만 있다면 그것으로 삶의 의미를 찾을 수도 있어. 하지만 모든 사람이 그렇다고 하기는 힘들지. 만약 인간이 어차피 동물에 지나지 않는 거라면 연애 상대는 왜 특정한 누구여야 하는지, 그걸 한번 깊게 사유해 보자.

너희들은 누군가가 좋아질 때 왜 하필이면 그 사람을 좋아하는지 스스로 이해가 되니? 얼굴이 아름다워서, 멋지니까, 착해서, 머리가 좋아서… 이유를 들자면 들 수도 있겠구나. 하지만 아름답고 멋진 사람이라면 그 사람이 아니어도 많이 있을 텐데 왜 하필 그 사람일까? 왜 그 사람이 아니면 안 될까?

깊이 사유해 보면 사람이 사람을 좋아하는 데 명확한 이유 따위는 없는 것 같아. '진정으로' 좋아하는 건 무조건적인 거지. 만약에 얼굴이 예쁘고 멋있어서 누군가를 좋아한다면 어떤 사건으로 얼굴에 상처라도 생기면 순식간에 싫어지지 않을까? 그렇다면 그건 진정으로 좋아한 게 아닌 셈이지. 돈에 끌린 우정과 마찬가지로 외모에 끌린 연애라는 것도 역시 진짜는 아니야.

또 외모에 끌려 사귀어 봤지만 이야기를 나눠 보니 전혀 즐겁지 않았다든지, 섹스를 해 보니 질려 버렸다든지 한다면 그것도 진정한 연애는 아니겠지. 그런 연애는 처음부터 진정인 건 아니야. 그러니까 일종의 놀이라고 할 수도 있어. 날마다 같은 요리를 먹으면 질리니까 다른 요리를 맛보고 싶어하는 그런 놀이 같은 거지. 그런 놀이 같은 연애는 별 의미가 없다는 사실은 그 행위가 확실히 보여 주고 있는 게 아닐까? 해 봐도 성에 차지 않으니까 자꾸 그렇게 되풀이하고 있는 게 아닐까?

'마음은 마음이고 몸은 몸이다' 하고 둘을 나눠 보려는 사람들도 있겠지. '연애는 연애, 섹스는 섹스'도 마찬가지겠지. 마음으로 좋아하지 않는 사람하고도 섹스는 가능하니까, 섹스만 따로 떼서 사고파는 게 성매매라는 행위야. 몸은 팔아도 마음은 팔지 않는다는 논리지. 보지도 만지지도 못하는 마음을 팔지 못한다는 건 너무 당연한 말이야. 설령 팔 수 있다고 해도, 팔 수 있는 건 뭐든 팔아 치우려는 값싼 마음을 일부러 사려는 사람도 없겠고. 그럼에도 마음은 소중하니까 팔 수 없는 거라고, 그렇게 해서 지킬 수 있다고 생각한다면 참 가슴 아픈 착각이 아닐까?

왜 마음은 소중하고 몸은 소중하지 않은 거지? 마음이 소중하다면 몸도 소중할 텐데…. 마음과 몸이 따로 있는 게 아니라 같은 것의 다른 면이라고 '몸'이라는 장에서 우리는 함께 사유했어.

사람들은 확실히 눈에 보이는 몸을 소중하게 다뤄. 자주 씻기도 하고 정성 들여 화장도 하지. 하긴 때로는 누군가에게 팔 수도 있는 거니까…. 하지만 내다 팔 수도 있다면 진짜로 소중하게 여기는 건 아니지. 그렇다면 그런 경우 마음은 소중하게 여기고 있느냐 하면, 몸을 팔 수 있다는 그 생각이 바로 마음을 파는 것이어서 이것 역시 같은 거지.

어쩌면 누군가는 자기가 하고 싶은 대로 하는 게 마음을 소중히 여기는 거라고 생각할지도 모르겠다. 그러면서 '누구한테도 불편을 주지 않는데 뭐가 나빠?' 하는 건 자기 몸과 마음을 함부로 하는 사람들의 핑계에 지나지 않아. 물론 자기 몸이나 마음을 함부로 했다고 누구도 불편해하지 않고, 나빠질 건 아무것도 없어. 하지만 이 세상에서 단 한 사람만은 엄청난 괴로움을 겪고 엄청나게 나빠지지. 몸이나 마음을 함부로 한 바로 그 사람이야. 마음도 몸도 소중하게 생각하지 않는다면 그것이 나빠지지 않을 리 없잖아? 자기 자신이 나빠질 일을 하는 게 어째서 하고 싶은 일을 하는 게 되지?

성매매를 하고 있거나 해 볼까 하는 사람은 앞으로의 삶에서 어쩌면 가장 소중할 수도 있는 것을 처음부터 잃어버리게 될지도 모른다는 가능성을 깊이 생각해 보면 좋겠어. 섹스란 좋아하는 사람과 나누는 것이어서 좋은 것일지 모르는데, 좋아하지도 않는 사람과 섹스를 돈으로 바꾼다면 그 좋은 일을 일생 동안 모른 채 지내게 될지도 모르잖아. 너무도 아까운 일이라고 생각지 않니?

그런 사람들도 언젠가는 진정 좋아하는 사람을 발견하고 자신이 저지른 실수를 알게 되면 그나마 다행이지. 친구를 단지 수가 많다는 것만으로 자랑할 수 없는 것처럼 연애나 섹스도 많이 해 봤다는 것만으로 자랑할 수 있는 건 아니니까.

입이 있으면 좋아한다고 말할 수 있고, 성기가 있으면 섹스는 할 수 있지. 그런 건 누구나 할 수 있는 거야. 어차피 인간도 동물이니까. 그런데 누구나 할 수 없는 것, 동물이 아닌 인간만이 할 수 있는 것은 그

사람을 사랑하는 일이 바로 자기를 사랑하는 것인, 그런 연애를 하는
거야. 자기를 사랑할 줄 아는 사람이 아니면 타인을 사랑할 수 없어.
연애도 마찬가지야. 아니, 동물로서의 섹스가 가능하기 때문에 연애
야말로 시험에 들기 쉽지. 앞날은 창창하다고 하지만, 그렇게 창창하
지만은 않아. 건투를 빌어!

너희 아버지는 일을 하며 즐거워하시니? 또 어머니는 어때?

지금 너희들은 "장차 어떤 사람이 되고 싶어?"라는 질문에 "박찬호!" 하면서 씩씩하게 대답하던 때는 조금 지났지? 아마 현실을 생각하며 '평범한 회사원이 될까?' 하며 혼란스러워하기 시작하는 그런 시기일 거야.

사람은 살면서 일이라는 걸 해. 그걸 위해 저마다 어떤 직업에 종사하지. 박찬호는 아주 즐거운 듯 야구를 하고 있지만 그것도 프로 야구 선수라는 하나의 직업이라는 사실을 잊지 말아야 해. 그 보수로 한 해에 몇 십 억 원을 벌고 있으니까 '대단하군!' 하면서 동경하겠지만 자기 직업으로 선택하기에는 아무래도 현실감이 느껴지지 않지.

그럴 때 가장 가까운 곳에서 일하고 있는 사람을 보자. 아버지도 있고 어머니도 있어. 집 밖에서든 안에서든 두 분 다 뭔가 일을 하고 있다는 점에서는 똑같아. 당신들이 일하는 모습을 보고 일을 한다는 게 어떤 걸지 상상하게 되지. 즐거워 보이면 즐겁겠군, 힘들어하면 힘들 겠군, 저렇게 되고 싶다고 생각하기도 하고, 절대 저렇게 되서는 안 되겠다고 생각하기도 할 거야. 또는 역시 저렇게 되고 싶지는 않지만 저렇게 될 수밖에 없겠구나 하고 벌써 포기하는 심정일지도 모르겠 다. 그런데 잠깐! 포기는 너무 빠르지 않을까.

세상 어른들 대부분은 일을 한다는 것, 돈을 번다는 건 뭔가를 포기 하는 거라고 생각해. 일이 즐겁고 게다가 돈도 엄청 버는 사람을 빼면 거의 대부분이 그렇지. 왜 그럴까?

음, '생활' 이라는 말을 너희들은 어떤 뜻으로 쓰니? 잠자고 일어나 서, 밥 먹고 학교에 가는 것. 그 계속되는 나날을 '생활' 이라고 해. 즐 거운 일도 있지만 괴로운 일도 있지. 그런 나날을 살아 가는 걸 생활 하는 거라고 말할 뿐 그 이상의 뜻은 없어. 그렇지. 그런데 어른들은 그렇지가 않아. 주의해서 한번 들어 보렴. 어른들이 '생활' 이라는 말 을 입에 올릴 때는 어떤 특유의 뉘앙스가 있다는 걸 그리 어렵지 않게 알아챌 거야.

어른들이 '생활' 이라는 말을 입에서 꺼내면 그 뒤는 거의 정해져 있 어. '~을 해야 해서 말이야' '~하지 않으면 안 되잖아' 가 저절로 따 라오지. 그러고 보면 어른들에게 생활이란 '하지 않으면 안 되는' 것, 또는 어떤 일의 핑계거리가 되는 건가 봐. 이 말이 얼마나 이상하게 쓰이는지, 너희들은 어른이 되기 전에 빨리 깨달았으면 좋겠다.

예를 들어 너희들은 '학교에 가지 않으면 안 된다' 고 말하지. 그래 서 왜 학교에 가지 않으면 안 되는데 하고 물어 보면 의무교육이라고 법으로 정해져 있어서라고 하지. 하긴 어쨌든 대답이 되긴 하네. 학교에 가는 건 의무로 되어 있으니 '학교에 가지 않으면 안 된다'고 말하는 건 틀린 건 아냐. 그런데 말이야, '생활하지 않으면 안 된다'는 어떨까? 생활을 의무로 정하고 있는 법도 없는데 왜 사람들은 '생활하지 않으면 안 된다'며 그것이 의무나 강제인 것처럼 말할까? 누가 그걸 강요하지?

어른들한테 "왜 생활하지 않으면 안 됩니까?" 하고 한번 물어봐. 틀림없이 "살아야만 하니까." 하고 답할 거야. "그렇다면 왜 살아야만 합니까?" 하고 또 물어 보렴. 틀림없이 "그건… 살지 않으면 안 되니까 그렇지." 정도의 답을 들을 수 있을 거야. 하지만 참 이상하지. 누구나 행복하게 살 권리가 있다는 법은 있어도 의무라는 법은 없는데 말이야. 음, 살기로 정해져 있다면 누가 그걸 정했을까?

그렇게 정한 건 바로 그 사람이야. 살지 않으면 안 된다는 법은 없고, 누구도 그 사람에게 살기를 강요하지 않으니 '살지 않으면 안 된다'며 삶을 의무나 강제라고 생각하고 있는 건 바로 그 사람이지. 그러니까 살아야만 한다는 법도 없고 누구도 그 사람에게 삶을 강요하지 않으니 산다는 건 어디까지나 그 사람의 자유인 거지. 살고 싶지 않으면 죽을 자유도 있어. 헌데도 죽지 않고 지금 살아 있으니 살기를 자기 스스로 자유롭게 선택한 셈이지. 그러니까 그 사람의 진심은 '살지 않으면 안 된다'가 아니라 '살고 싶다'가 아닐까? 그렇게 말해야 하지 않을까?

진심으로는 살고 싶어 살면서도 마치 다른 사람 탓인 양 '살지 않으면 안 된다'고 생각하다 보니, 뭐든 다른 사람 탓으로 돌리게 되는 건 당연한 일이지. 살기 위해서는 먹지 않으면 안 되고, 먹기 위해서는 돈을 벌지 않으면 안 되고, 돈을 벌려면 일을 하지 않으면 안 된다, 바로 이 '하지 않으면 안 된다'의 반복이 어른들이 말하는 '삶'이야. 하지 않으면 안 되기 때문에 하는 일, 살지 않으면 안 되기 때문에 사는 인생 같은 게 어떻게 즐거울 수 있겠어?

아마도 사람들이 그렇게 생각하는 건 이렇게 사는 것도 참 싫지만 죽는 건 더욱 싫기 때문일 거야, 그래서 '살지 않으면 안 된다'고 하는 거겠지. 하지만 살고 싶지 않으면서도 사는 게 죽는 것보다도 나을지 어떨지는 살아 있는 동안에는 알 수 없어. 알 수 없으니 사는 거지. 이 또한 살기를 선택한 거야. 그렇다면 사람들은 어떻든 자기가 자신의 인생을 선택해서 지금 이 자리에 있는 거라는 사실을 확실히 자각하고 살아 가야 하지 않을까? 그렇게 하면 뭐든 세상 탓으로 돌리고 불평하며 사는 일은 없어지지 않을까?

어쩌면 사람들은 자기가 하기 싫어하는 일도 사실은 자기가 하고 싶어서 한다는 걸 인정하기 싫어서 누구 탓으로 돌려 버리는 건지도 몰라. 그 구실거리로 가장 안성맞춤이 가족이지. 가족이 있어서 일을 하지 않으면 안 된다, 가족을 부양하지 않으면 안 되므로 자기가 하고 싶은 일을 포기해야만 한다는 식으로 말이야.

그런 말을 들으면 너희들은 무척 곤혹스럽지. 마치 너희들이 있어서 부모님을 힘들게 만드는 것 같을 테니까. 뭔가 깨달은 너희들이라면 "부모님, 그러지 마세요. 저는 괜찮으니까 하고 싶은 걸 하세요." 하고 말하고 싶겠지.

그런데, 미처 깨닫지 못한 쪽은 오히려 부모님 쪽이야. 자기가 정말로 하고 싶어하는 걸 자기 스스로 알지 못해서 그걸 가족과 일 탓으로 돌리고 있을 뿐이지. 그러니까 만약 너희들의 그런 다부진 말을 들으면 오히려 부모님이 무척 곤란해하시겠지?

세상에서 정말로 하고 싶은 게 바로 이 일이라며 부지런히 일하는 부모님도 계시지. 하지만 그게 정말일지 어떨지는 당신 자신 말고는 아무도 모르지. 진정으로 하고 싶은 게 뭔지 몰라서, 모른다는 불안감을 잊기 위해 그 일에 푹 빠져 있는 걸지도 몰라. 그렇게 열심히 일한 부모님이라도 정년퇴직하고 일을 하지 않을 때 '내 인생은 뭐였지?' 하고 허무해진다면 아마도 인생을 잘못 사신 것이 아닐까.

자기가 진정으로 하고 싶어하는 걸 일로 할 수 있는 사람은 참으로 행복한 사람이야. 즐겁기도 하고 돈도 벌고, 게다가 자기 능력을 키울 수도 있는, 바로 박찬호가 하는 일 같은 거 말이야. '역시 그런 건 그처럼 특별한 재능이 있는 사람만 할 수 있지 나 같은 게 무슨…' 하고 생각한다면 너희들은 결국 그런 너희가 되고 말아.

확실히 운동선수나 예술가들은 일찍부터 자신의 재능을 알아서 하고 싶은 일이 뭔지를 아는 경우가 많아. 물론 그 일로 실제로 돈을 벌고 생활할 수 있을 만치 되는 사람은 그 가운데 극히 일부지만, 돈을 잘 벌지 못해도 자기가 하고 싶은 일을 하니까 즐거워하지. 그런데 그런 특별한 재능 같은 건 아무리 생각해도 없고 뭘 하고 싶은지도 잘 모르겠다는 너희들, 만약 그렇다면 달리 아무것도 하지 않아도 괜찮지 않을까? 아무것도 하고 싶지 않은 게 너희들이 하고 싶은 것일지도 모르잖아?

생활 '하지 않으면 안 된다', 일 '하지 않으면 안 된다' 라는 마음 자세가 생활이나 일을 초라하게 만드는 바탕이라는 걸 이젠 알겠지. 특별한 재능이 없어서 평범한 회사원이나 전업 주부가 된다 해도 그 일을 그대로 즐길 수 있으면 그것 또한 하나의 재능인 셈이야. 즐겁게 일하다 보면 깨닫지 못했던 자신의 재능을 알게 될 수도 있거든. 살지 않으면 안 되기 때문에 사는 한, 일 하지 않으면 안 되기 때문에 일하는 한, 참된 삶을 살기란 어려워.

때론 부모님에게 "그런 꿈 같은 말만 하고 어떻게 살려고 그래?" 같은 말을 들을지도 몰라. 그러면 이렇게 대답하면 돼. "이렇게 꿈꾸며 살 작정이에요." 하고.

"그래서는 살 수가 없어." 하고 말하면 "엄마 아빠는 뭘 위해 사세요?" 하고 다시 물어 봐. 부모님은 일을 하기 위해 사는지, 아니면 살기 위해 일하는지, 과연 어느 쪽일까?

왜 사는 걸까? 삶의 의미나 목적이 뚜렷하지 않은 걸 보면 그저 살기 위해 사는 셈인가? '살기 위해서 산다', 그렇게 스스로 깨닫고, 또 그렇게 살기를 선택했다면, 이것 또한 나름대로 멋진 삶의 의미이고 목적인 셈이야. 먼 옛날 원시인이나 세상의 모험가들이 생존하는 것 자체에 모든 삶을 걸었던 것처럼. 인생의 의미나 목적을 구한다는 것 자체가 인생의 각오가 덜 되었다는 증거일지도 모르지.

자, 너희들은 어떤 삶을 선택할까? 먹기 위해서 살까, 살기 위해서 먹을까? 어느 쪽 삶을 선택하든 그건 오로지 너희들 자유야. 그러니 각오를 다지지 않으면….

 '상품(上品)' '하품(下品)'이라는 말이 있어. 물건의 상품, 하품을 뜻하는 말이기도 하지만, 옛말로 극락왕생의 9등급 가운데 위 세 등급을 일컫는 '상품'과 아래 세 등급을 일컫는 '하품'을 뜻하기도 하지. 이런 뜻으로는 지금은 거의 쓰지 않는 편이지만 인간의 품성, 그러니까 사람의 됨됨이를 나타내기에 아주 적절한 표현이니 기억해 두는 것도 좋겠다. 이 말이 마음 한 구석에 걸려 있기라도 하면 그것만으로도 너희 인생이 아주 달라질지도 몰라.

 물건에서 상품, 하품과 사람 됨됨이의 '상품', '하품'은 서로 닮은 꼴이기도 하지만 미묘하게 달라. 상품인 사람이라고 하면 표정이나 태도, 말투 같은 데서 왠지 품위를 느낄 수가 있어. 그에 비해 하품이라 하면 태도나 말투에서 드러나는 그 사람의 됨됨이가 천박한 사람을 말해. 이를테면 화제에 올리는 이야기거리나 관심사 같은 것이 고상하지 않아. 관심사가 고상하지 않다는 건 그 사람의 됨됨이가 고상하지 않다는 사실과 별로 다를 게 없어서 두 ‘하품’이 뜻하는 게 거의 일치하지. ‘상품’이라는 말도 결코 겉보기가 아니라 눈에 보이지 않는 됨됨이, 사람의 내면성을 일컫는 말이지. ‘상품’ ‘하품’이란 철두철미하게 사람의 내면, 정신성을 평가하는 단어야.

예를 들어 어떤 사람이 겉모습이 아름답고 말도 세련되게 하지만 입만 열면 다른 사람 험담을 한다면, ‘음! 별로 유쾌하지 않은 사람이군’ 싶겠지. 상품으로 보이느라 신경을 쓰지만 사람들은 하품이라고 느낄 게 뻔해. 맞아, 사실 그 사람은 ‘하품’이지. 왜냐면 그 사람 관심은 오로지 다른 사람이거나 ‘다른 사람에게 어떻게 보여질까’ 하는 것뿐이어서 자기 내면이나 정신성을 어떻게 높일지에는 전혀 관심이 없거든. 그런 사람의 정신성이 높아질 수 없는 건 당연하겠지.

또 거꾸로 겉모습은 좀 초라하고 말투가 거칠어도 말을 나누다 보면, 척 하는 걸 싫어하고 어떻게 해야 사람들에게 도움이 될지 늘 마음에 담아두고 있는 따뜻한 사람도 있어. 부끄러워서 일부러 거칠게 구는 건지도 모르지. ‘상품’이란 바로 이런 사람을 가리키는 말이야.

상품이란 말은 원래는 불교에서 쓰는 말인데, 석가모니처럼 진실하고 고결한 사람, 그러니까 가장 높은 단계에 이른 사람을 일컫는 말이야. 여기서 겉모습이 중요한 게 아니라는 건 말할 필요도 없겠지. 하지만 어떤 의미에서는 사람은 역시 겉으로 드러난 모습이 전부라고도 말할 수 있어. 그런 생각으로 친구들을 한번 살펴봐. 착한 사람은 착한 얼굴을 하고 있고, 심술궂은 사람은 심술궂은 얼굴을 하고 있지 않니? 겉모습이 곧 그 사람의 속모습 아닐까?

그러므로 누구나 내면을 아름답게 가꿔 가야 해. 겉모습이 아름답게 보이고 싶다면 말이지, 겉만 가꿔서는 안 돼. 전부 얼굴에 드러나 니까. 이미 다 드러났는데도 눈치 채지 못하는 이는 바로 자기 자신뿐 이야. 그런 의미에서 이건 무척 무서운 사실이지.

자, 그렇다면 내면을 아름답게 한다, 정신성을 높인다는 게 뭘 말하 는 건지 한번 깊이 생각해 보자.

너희들은 자기 자신이 소중하다고 생각하겠지? 자기를 사랑한다고 도 생각하고. 혹은 '나는 나 같은 건 별로 소중하지 않아. 아니, 오히 려 내 자신이 싫은걸' 하는 친구들이 있을 수도 있겠다. 그렇지만 그 렇게 말하는 사람이라도 자기 자신을 위해 뭔가를 하는 한에는 역시 자기 자신이 좋은 거야. 설령 자신을 좋아하지 않는다 해도, 그렇게 좋아하지 않는다는 방식으로 사랑하고 있는 거지. 아무리 뒤틀린 방 식이라 해도 모든 사람은 반드시 자기 자신이라는 존재를 사랑해. 단 지 사랑하고 소중히 여기는 방식을 모든 사람이 자각하고 있다고 말 하기는 어렵지만 말이야.

동물들도 어떻게든 살려고 애쓰는 모습은 자기 자신을 소중하게 사 랑하는 듯 보여. 하지만 동물들은 그저 생존 본능에 따라 그렇게 하고 있을 뿐이지, 그 일이 어떤 일인지 자각하고 하지는 않아. 자기가 하 는 일을 자각할 수 있는 건 그것에 대해서 사유할 수 있는 정신을 가 진 인간뿐이지.

정신은 자기 자신을 자각하지. '정신으로서'의 자기 자신을 자각해. 그리고 정신보다 소중한 건 없다는 걸 알아. 왜냐면 정신인 자신에게 무엇이 가장 소중한지 사유해서 알 수 있는 게 바로 그 정신이기 때문 이야. 정신에게는 정신이야말로 가장 소중하고, 다른 무엇과도 바꿀 수 없는 가치인 거지. 자기 자신을 소중하게 여기는 건, 다시 말하면 정신을 소중하게 여긴다는 거야. '자존감', 자신을 존중하고 사랑하는 마음의 진정한 의미가 바로 이거야.

여기서 잠깐, 자존감을 가진다는 것과 '자존심이 세다'는 자칫하면 헷갈리기 쉬워. 누구라도 자기 자신이 소중하고 자존심이 있다고 생각하지. 그렇다면 다른 사람이 내게 모욕적으로 굴어도 화를 낼 이유는 없겠지? 왜냐면 스스로 자기 자신의 가치를 알고 있어서, 타인의 평가 같은 건 그리 신경 쓸 필요가 없을 테니 말이야. 만약 그렇지 않다면 타인의 평가를 더 중요하게 여기는 셈이 되겠지. 그건 자존심이라기보다는 단순한 허영심에 지나지 않아.

질투라는 감정도 같은 논리로 설명할 수 있어. 흔히 다른 사람이 나보다 잘나 보일 때 질투하지. 또는 나한테 좋은 감정을 가진 사람이 다른 사람에게도 호의를 보이면 질투하기도 하고. 하지만 자신에게 자기가 가장 최고라는 걸 알고 있으면 그런 감정이 생길 까닭이 없지. 그러고 보면 사람들은 자신을 사랑해서 질투하는 게 아니라 진정으로 사랑하지 않아서 질투하는 셈이야. 재미있지 않니?

뭔가 주장한다는 것은 어려운 일이야. '나는 이렇게 생각해, 나는 이래'라는 걸 다른 사람에게 지나치게 강조하는 건 거꾸로 자신 없음을 드러내는 것일 때가 많아. 사실은 스스로 자기를 정확하게 평가할 수 없어서 타인에게 인정받고 싶어하는 거지. 만약 그 주장에 알맹이가 없다면 그건 단순한 자기 과시, "나는 이렇게 속알맹이가 없어." 하고 큰 소리로 외치는 것과 같아. 부끄러운 일이지만 자각하지 못한 채 그러는 거지. 그렇지만 알맹이가 있는 주장인데도 역시나 자각하지 못해 주장을 하지 않는다면 그것 또한 부끄러운 일이야.

'부끄럽다'는 감각에 좀 더 예민해졌으면 좋겠어. 너희들 나이는 어떤 의미에서는 '부끄럽다' '수치스럽다'는 감각에 무엇보다 민감한 때여서 잘 알겠지? 좀 더 나이를 먹으면 자신을 속이는 방법도 익히고 뻔뻔스러워지기도 한단다. 그러다 보면 다른 사람이 어떻게 보든 신경 쓰지 않고, 결국에는 내가 어떤 모습으로 있는지도 전혀 알지 못하게 돼.

앞에서는 다른 사람이 어떻게 볼지 신경 쓰는 건 바람직하지 않다고 하고선 지금은 또 다른 이야기를 하는 걸로 들리겠지만 그렇진 않아. 내면이 외면인 것처럼, 타인이 보는 게 바로 자기 자신이 보는 거니까. 타인이 봐서 부끄러운 일은 자기에게도 부끄러운 일이라는 사실을 사람들은 이미 알아. 알기 때문에 허세를 부리기도 하고, 질투심을 감추기도 하고, 큰 소리로 자기 과시를 하기도 해. 하지만 알고 있다면 한번쯤은 분명히 깨달아야 하지 않을까? 남에게 보여서 부끄러운 일은 자기에게도 부끄러운 일이고, 부끄러운 짓은 하지 말아야 한다고.

'비열하다'고 하는 건 정신에게 가장 부끄러운 일이야. 비열함은 수치거든. 비열하다는 건 정신이 더 낮은 뭔가에 아첨하는 거야. 그걸 얻기 위해서 자기를 파는 거지. 예를 들어 돈이나 쾌락을 얻기 위해 양심을 팔거나 다른 사람을 이용하는 일은 아주 비열한 거지. 욕구나 욕망을 채우느라 정신을 잃고 속이는 건 모두 비열한 행동이야. 그 가운데서도 가장 비열한 건 말 그대로 '비겁'이라고 생각해. 올바르지 않고 비열한 것. 용기가 없어서 피하는 것, 그게 비겁이야. 사람은 비겁한 짓만은 해서는 안 돼. 비겁은 정신의 죽음이거든. 비겁하게 살아남기보다는 때로 사람은 죽음을 택해야만 할지도 몰라.

극단적이라고 여겨지기도 하겠지. 하지만 인간에게는 목숨보다도 더 소중한 것이 있어. 바로 정신이야. 정신의 올바름, 아름다움, 그 깊이 말이야. 목숨이 소중할 수 있는 건 정신의 소중함을 자각하며 살고 있기 때문이야. 그렇게밖에 달리 표현하기가 어렵구나.

정신이 아니라 목숨이 가치 있다고 어떻게 말할 수 있을까? 목숨의 가치를 사유할 수 있는 건 정신이 있어서야. 살아 남는 것 자체, 먹고 사는 일, 쾌락만을 바라는 삶이라면 동물의 삶과 다를 게 없지. 동물의 삶과 같아도 상관없어, 그렇게 잘라 말하는 친구들은 아마도 삶의 의미에 대해 물어 본 적이 없을 거야. 하지만 앞으로도 계속 물을 일이 없지는 않겠지. 모든 인간은 정신, 곧 말을 가지고 있으니까. 말을 가진 한에는 묻지 않고는 못 견뎌. '왜 살까?' 하고.

목숨보다 정신이 더 소중하다고 했지. 하지만 그렇다고 해서 정신에 목숨을 바치라는 건 아냐. 올바른 방식으로 정신성을 완성하고 죽는 것도, 그 자체로는 어려운 일이야. 단지 죽으면 그만인 게 아니야. 어떤 의미에서 그런 죽음은 누구에게나 가능한 것이기도 해. 그 자존감이 진짜라면 타인이 주는 굴욕을 별로 대수롭지 않게 여길 수 있는 것처럼, 진짜로 자존감이 있다면 죽기보다 먼저 타인에게 머리를 숙일 수도 있지 않을까?

음, 올바른 정신성으로 존재한다는 것, 참으로 어려워. 하지만 정신, 그러니까 눈에 보이지 않는 어떤 것에도 자꾸 마음이 가는 사람이

라면 앞으로 열심히 사유하면 돼. 지금은 '명예를 소중히 하라' 는 옛
어른들의 당부 한 마디를 마음 한 구석에 담아두었으면 해.

미술 시간에 그리고 싶은 대로 그림을 그리다 보면 무척 즐겁지? 잘 그리든 못 그리든 상관없이, 그것만으로도 마음이 충만해지지. 반대로 어떻게 그리고 싶은지도 모른 채 애써 다른 사람 흉내를 낸다든지, 잘 그리지 않으면 안 된다는 마음만 앞선다면 조금도 즐겁지 않을 거야. 그렇게 해서 좋은 평가나 점수를 받았다 해도 뭔가 허전한 느낌이 들겠지.

입장을 바꿔서 다른 사람들이 그린 그림을 감상하는 쪽이 되었다고 하자. 분명히 아주 능숙하게 마무리된 그림이지만 어디서 본 듯한 느낌이 들기도 하고, 정말 어떤 그림을 그리고 싶었는지 전혀 짐작이 안 가는 그림을 본 적 없었니? 또 결코 잘 그렸다고 할 수는 없지만 아주 독창적이어서 '이 사람은 이걸 그리고 싶어했구나' 가 또렷하게 보이는 매력적인 그림도 있어. 둘의 차이는 그림을 그린 사람의 마음가짐에서 나와.

진짜와 가짜라는 낱말이 있어. 일류 브랜드 상품에서 '유사품을 주의하세요' 라는 문구가 쓰여져 있는 걸 간혹 봤을 거야. 오리지널과 유사품(짝퉁)을 잘 구별해서 사라는 말이지. 진짜는 진짜라서 진짜일 수밖에 없고 가짜는 가짜라서 진짜일 리가 없지만, 가짜는 단독으로 존재할 수 없어. 진짜를 흉내낸 거니까. 그래서 독자적으로 존재하는 걸 진짜라고 말할 수 있어.

진짜, 가짜는 사회적으로 문제가 되는 브랜드 상품에만 있는 게 아니야. 모든 사물, 모든 일, 모든 분야에서 똑같이 말할 수 있어. 그림이나 음악뿐만 아니라 문학, 사상, 학문의 모든 분야까지 인간이 하는 모든 활동에서 진짜, 가짜를 구별해서 말할 수 있어.

인간이 하는 모든 일은 바로 마음이 하는 거지. 그래서 진짜인가 가짜인가 하는 건 그걸 만든 사람의 마음가짐, 다시 말하면 '그 사람' 이 '진짜인가 가짜인가' 와 다르지 않아.

알기 쉽게 우리 가까이 있는 예를 들어 생각해 보자. 누가 보더라도 빼어났다고 인정하는 가수, 이를테면 서태지 같은 사람이 등장했다고 하자. 그러면 얼마 지나지 않아 서태지를 따라하는 가수가 몇 명이나 나오지. 사람들은 누구나 '아, 서태지를 흉내내고 있군, 인기를 끌어 보려고' 하고 금방 알아차리곤 해. 그리고 '에이, 시시해, 조금도 매력적이지 않아' 하고 느끼겠지. 분명히 진짜가 있는데 진짜를 흉내낼 뿐인 가짜에 눈을 돌릴 까닭이 없어. 모든 건 마찬가지야.

서태지는 누구를 흉내내는 것도 아니고 자기가 좋아하는 노래를 했더니 그렇게 어느 날 인기 스타가 된 거야. 다시 말하면 그렇게 노래할 수밖에 없어서 그렇게 노래했을 따름이지. 청중은 그것에 반할 뿐이야. 누군가가 자기답게 자기 모습 그대로 있다는 사실에 반했다는 걸 가짜는 알지 못하지. 자기가 진정으로 하고 싶은 게 뭔지 알지 못해서 다른 사람 흉내를 내거나 인기몰이에만 신경 쓰게 되는 거야.

단독으로 존재하는 것이 진짜로 존재하는 거라고 말했는데 얼핏 쉽게 들릴지 모르지만 어려워. 아니, 사실은 전혀 어렵지 않지만 사람들이 종종 오해하는 점이야.

흔히들 개성적인 사람이 되어라, 개성적인 사람이 되고 싶다는 말들을 해. 하지만 사람은 개성적으로 되어야지 해서 개성적으로 되는 건 아니야. 그러지 않아도 지금 이 순간 모든 사람은 개성적이기 때문이지. 똑같은 사람은 둘도 없잖아. 만약 누군가가 개성적이 되어야지 하고 생각하면, 다른 사람들과 달라야 한다는 생각 때문에 자꾸 다른 사람에게 시선이 가지. 그런 사람은 결코 개성적일 수 없어. 원래 자기가 존재하는 방식으로 존재하지 않기 때문이야. 그런 사람은 틀림없이 일부러 남다른 것이나 흔치 않은 걸 해서 자기 과시를 하려고 해. 그런 행동을 보면 사람들은 억지스럽다고 느끼지. 단지 다른 사람들과 달라지려 하는 것과 개성을 추구하는 건 완전히 달라.

만약 너희들이 진짜와 가짜를 구별하는 눈을 아직 갖지 못해 단지 남과 다르기만 하면 개성적이다, 독자적이라고 생각해 버린다면 우선 제대로 볼 수 있도록 스스로를 단련시켜야 해. 어쩌면 흔히 명품으로 불리는 상품 같은 것도 다들 그걸 보고 일류다, 좋은 물건이다 해서 일류가 된 것일 뿐일지도 몰라. 그 상품 자체는 사실은 가짜일지도 몰라. 유행하는 책이나 영화 같은 것들은 그게 유행을 탄다는 사실만으로도 가짜일 가능성이 커. 그렇지만 진짜를 볼 수 있는 눈을 가진 사람이 세상에는 그리 많지 않아서 많은 사람들이 좋아한다는 이유만으로 좋다고 생각해 버리곤 하지. 진짜를 몰라보고 가짜에 빠지다니 어리석은 짓이라고 생각해.

진짜를 볼 줄 아는 눈을 갖도록 하자. 너희들은 진짜와 가짜를 가려낼 줄 아는 사람이 되도록 하자. 그러기 위해서는 먼저 너희들이 진짜가 되어야만 해. 진짜를 볼 줄 아는 건 진짜 뿐이니까. 이 사실은 변하지 않아.

누군가의 흉내를 낸다, 또 흉내내지는 않지만 다른 사람들과 어떻게든 달라지려 하는 건 앞에서 가짜라고 말했어. 진정으로 하고 싶은 것이나 가슴 설레며 하고 싶은 게 없든지, 아니면 모르고 있으니까. 진짜는 그렇지 않아. 누가 뭐라 하든, 어떻게 보여지든 전혀 상관하지 않아. 그 사람은 그저 그게 하고 싶어서 하는 거지. 그렇게 할 수밖에 없는 거야. 그걸 하지 않으면 그가 살아 갈 이유 같은 건 이미 없으니까. 그런 의미에서 그 사람은 그걸 하기 위해 목숨과 인생의 모든 걸 걸고 있지.

가령 고흐라는 화가를 보자. 미치광이 취급을 받으면서도, 사실 거의 미치광이가 되어 가면서도 그림 그리기를 그만 두지 않았지. 생활고 같은 건 문제가 안 돼. 왜냐면 그림을 그리지 않으면 살 이유도 없으니까. 보통 사람들은 '뭘 그렇게까지 할 거 있나?' 하지만, 그렇지 않아. 그는 그렇게 할 수밖에 없는 거야. 왜 그렇게 할 수밖에 없는가 하면, 그는 자기 자신을 넘어선 뭔가를 보고 있거든. 자기를 넘어선 어떤 힘에 끌려 가고 있기 때문이지. 그는 그였지만 그가 아니었어.

자연에는 '짝퉁'이 없다. 스스로(自) 그러하므로(然).

만약에 자기를 과시하고 싶은 욕망만 가득 지닌 그림쟁이라면, 사람들이 별로 눈길을 주지 않거나 생활이 어려워지면 금방 그만두고 말겠지. 그러고는 사람들이 좋아하고 잘 팔릴 것 같은 그림을 그리겠지. 아무리 해도 도리가 없는 가짜에게는, 자기 욕구만이 행위의 동기가 돼. 그는 자기를 넘어선 뭔가에 대해서는 알지도 못하고, 진짜인 사람이 그런 힘에 이끌려 그림을 그리고 있다는 사실 같은 건 알려고도 하지 않아.

바로 이 점에서 인간의 추락이 시작되지. 그런데 인간이 추락하면서까지 살 이유는 과연 뭘까? 나중에 다시 깊이 생각해 보자.

철저하게 개성적이었던 고흐 같은 사람, 자기가 어쩔 수 없어서 했던 그런 일이 만인에게 감동을 주는 건 왜일까? 아니, 이런 표현은 정확하지 않아. 대부분의 사람들은 자기 안에서 진심으로 감동을 느꼈다기보다 고흐를 두고 진짜라 하니까 진짜겠지 하고 따라서 감동한 듯 느낄 뿐인지도 몰라. 고흐의 그림을 보고 진짜라고 생각하는지, 감동하는지, 문제는 바로 거기에 있어.

만약 누군가가, 또는 그의 행위가 다른 사람에게 감동을 준다면, 그건 그 행위나 사람이 그이면서도 그가 아닌, 자기 자신을 넘어선 뭔가 커다란 존재와 만나고 있기 때문이야. 그래서 다른 사람에게도 감동을 주게 되는 거지. 만약 그것이 자기 욕구를 계산해서 꾸민 거라면 과연 사람들에게 감동을 줄 수 있을까?

다른 사람의 행위나 그 모습에 감동받으려면 마찬가지로 자기 자신을 넘어선 뭔가 커다란 존재를 알고, 함께 그걸 느끼지 않으면 안 돼. 감동한다는 건 공감하는 것이기 때문에. 그래서 어떤 천재가 있고, 그

천재성에 감동받을 수 있으면 너희들도 곧 천재라 할 수 있어. 천재가 뭘 하려는지 이해할 수 있다면 바로 그 사람도 천재란 말이지. 천재를 이해할 수 있는 건 천재뿐이라는 움직일 수 없는 대응은, 둘 다 자기를 넘어선 커다란 존재, 곧 '하늘'을 보고 있다는 사실을 서로 이해한다는 말이기도 해. '하늘'을 보지 않는 사람, '하늘'을 모르는 사람은 천재를 이해하기 힘들어.

"내가 천재라고 하는데, 그런 대단한 재능은 내겐 없어." 하고 말하고 싶니? 아니야. 재능이 있고 없고는 문제가 안 돼. 그런 건 세상에 같은 사람은 없다는 개성의 차이에 지나지 않아. 문제는 너희들이 천재와 함께 하늘을 볼 수 있는 사람인가 아닌가 하는 사실이야. 하늘을 본다는 건 과연 뭘 말하는 걸까? 이미 눈치를 챘겠지만, 자기에 대한 집착을 버리는 거야. 사심 없는 사람으로 존재한다는 거지. 자기를 버리고 사심 없는 사람으로 있을수록 그야말로 자연히 개성적인 사람이 돼. 이건 움직일 수 없는 역설이자 진실이야! 사람은 자기를 버릴수록 하늘과 통하게 돼. 이 우주는 무슨 까닭인지 모르겠지만 그렇게 만들어져 있거든.

진짜인가 가짜인가를 묻는 의미가 무엇인지, 진정으로 이해하는 것도 역시 진짜 사람뿐이야. 가짜들이 활개치는 세상을 제대로 살아 가기란 참으로 힘들어. 하지만 가짜 인생을 살다 죽는 것보다는 쉬운 일일지 몰라. 진짜 인간이 되자. 너희들만은 진짜를 볼 줄 아는 진짜 인간이 되자.

날마다 신문이나 텔레비전 뉴스를 보니? 사회에서 일어나는 일에 관심이 있는지 없는지에 따라 다르겠구나. 신문이나 뉴스는 보지 않는다 해도 패션지나 만화잡지라면 빠지지 않고 보는 친구들이 많을 거야.

어쨌든 그런 것들은 모두 사람들에게 뭔가 정보를 제공하는 미디어들이야. '미디어'란 '매체'나 '수단'이라는 뜻으로 정보 매체, 정보 제공의 수단이라는 말이지. 그래서 신문, 잡지, 텔레비전, 인터넷 모두 미디어인 셈이야. 그렇다면 현대 생활의 모든 게 미디어로 이루어져 있다고 말해도 되지 않을까? 이 점을 어떻게 생각하니?

아마도 너희들은 미디어에 둘러싸여 생활하는 데 아주 익숙하지. 텔레비전이나 만화 보기는 어려서부터 늘 해 왔던 일이니까. 게다가 최근에는 휴대전화로 메일을 주고받기도 해. 이처럼 당연하게 여겨지는 미디어의 존재와 의미에 대해 한번쯤 생각하고 넘어갈 필요가 있지 않을까? 지금 생각해 두지 않으면 어쩌면 일생 동안 생각할 기회가 없을지도 몰라. 만약 그렇다면 너희들은 다시 돌이키기 힘든 바보 멍청이가 되어 버릴지도 몰라. 내가 협박한다고?

좋든 싫든 현대는 정보 시대야. 너희들은 당연하게 여길 수 있지만 지구 반대편에서 일어나는 전쟁 상황을 생방송으로 본다는 건 어떤 사람들한테는 뜻밖의 일이지. 백 년 전을 떠올려 보자. 전화도 텔레비전도 없던 시대에는 나라 안은 물론 이웃 마을에서 일어나는 일조차 그리 빠르게 알려지지는 않았어. 불과 백 년 만에 일어난 변화야. 이 변화를 너희들은 '진보' 라고 생각할런지….

만약 진보라 생각한다면, 지구 반대편의 전쟁 상황을 아는 게 너희들에게 뭔가 의미 있는 것이어야겠지. 그렇다면 지구 반대편에서 일어나는 전쟁은 너희들과 어떤 관계가 있지? 친척이나 아는 이가 그곳에 있는 것도 아니라면 우선 당장은 별 관계가 없는 셈이지. 아무런 관계가 없는데도 왜 그 영상을 보지? 사람이 죽고 높은 건물이 파괴되는 영상을 본다는 게 어떤 의미가 있을까?

충격과 자극을 주기 때문에, 다시 말하면 보고 싶어서 본다고 하겠지. 이건 텔레비전이 없었던 시대에 사람들이 이웃집에 불난 걸 보려고 뛰어가는 심리와 닮았네. 그런데 타인의 불행을 자극거리로 삼는 건 아무래도 좋은 취미는 아니지. 사람들은 심각한 뉴스가 끝나고 바로 이어지는 코미디 방송 같은 걸 보면서 아무렇지도 않은 듯 웃곤 하지. 전쟁부터 코미디까지 한 전파를 타고 흘러 나오게 되면서 사람들은 중요한 일과 중요하지 않은 일을 구별하지 못하게 됐어.

"나는 전쟁이 엄청나게 중요한 사실이라는 걸 알아. 지구 위에서 일어나는 어떤 전쟁도 나와 무관하지 않아. 전쟁의 비참함을 확실히 알기 위해서는 열심히 봐야지."

모범 답안을 말하고 싶은 너희들이라면 이렇게 말할지도 모르겠다. 아주 좋아. 하지만 그렇다면 왜 전쟁이라는 게 일어나는지도 깊이 생각해 봐야 한다는 것도 알겠지. 눈에 보이는 영상을 좇기보다 눈에 보이지 않는 관념의 흐름을 파악해야 해. 바깥만 보지 말고 안을 들여다 봐야 한다고. 하지만 오늘날 세상 사람들 대부분은 바깥에서 쏟아져 들어오는 엄청난 양의 영상 정보들을 무작정 받아들이기만 하는 것 같아. 보이지 않는 세계에 대해 생각하고 알아 가는 건 잊어 버린 듯해.

넘쳐나는 정보에는 진실과 거짓이 함께 있지. 그래서 한꺼번에 쏟아지는 정보에 휘둘리지 않으려면 자기 스스로 판단할 수 있는 힘을 길러야 한다고 말하는 사람도 있어. 어딘가에서 일어난 전쟁 소식을 전하는 신문들을 잘 살펴봐. 어떤 신문에서는 전쟁을 하는 나라 중 A가 옳다 하고, 다른 신문에서는 B가 옳다는 경우가 있어. 만약 자기가 보는 신문이 말하는 대로 삼키기만 한다면 어떻게 될까? 장님이 코끼리 코만 만지고 코끼리는 아주 길다란 동물이라고 말하는 격이 되겠지. 진실일지 거짓일지 꼼꼼히 살피고 판단할 수 있어야 해.

그런데 전쟁 중인 두 나라 가운데 어느 쪽이 옳은가 같은 걸 판단할 수 있는 걸까? 어차피 인간이 하는 일이고, 어느 쪽이든 핑계가 있는 게 아닐까. 만약 내가 사는 이곳에 전쟁이 일어난다면 너희들이 알아야만 할 건 어느 쪽이 옳은가가 아니라 그 상황에서 나는 얼마나 바르게 살아 갈까가 아닐까? '옳다'라고 하는 건 원래 무엇일까? 그것 말고 인간이 인생에서 알아야만 하는 것들이 있을까?

정보는 어차피 정보야. 정보에는 진실도 거짓도 있어. 사실이라고 해도 사실이 아닌 경우도 있고. 참이나 진실은 바깥에서 주어져서 알게 되는 게 아니라 스스로 사유해서 알아 가는 것이야. 스스로 사유해서 아는 것 말고 달리 진실을 알 방법은 없어.

스스로 사유해서 알아 가는 것만이 '안다'는 것의 진정한 의미야. 주어진 정보를 받아들이고, 단지 가지고 있을 뿐인 상태를 '안다'고 말하지는 않아. 바르게 산다는 건 어떤 일인지, 산다는 건 무엇인지처럼, 인생에서 가장 필요하고 소중한 지식은 신문에도 인터넷에도 나와 있지 않아. 굳이 찾아보면 어딘가 실려 있을 수도 있겠지만 그걸 스스로 사유하지 않으면 어디까지나 단순한 정보에 지나지 않아.

정보는 지식이 아니야. 정보를 자신의 피와 살이 되는 지식으로 만들기 위해서는 자기 스스로 사유하지 않으면 안 돼.

물론 지구 반대편에서 일어난 전쟁에 대해 아는 건 삶에 필요한 중요한 것들을 사유하는 계기로는 작용하겠지. 하지만 그 전에 사유한다는 게 과연 무엇인지를 이해하고 있어야 해. 그렇지 않으면 아무리 많은 정보가 내 안으로 들어온다 해도 '사유의 계기'가 되지는 못해. 그런 정보는 과연 '뭘 위한' 정보일까? 미디어는 수단이라고 하는 의미가 바로 그것이야.

그런데 지금 세상 사람들은 '무엇을 위해' 알고 싶어하는지 생각해 보지도 않고 어쨌든 알고 싶은 거라고, 정보를 쫓아서 빠르게 달려가고 있어. 수단을 목적으로 여기는, 완전한 본말전도지.

살기 위해서는 지금 정보가 절대로 필요하다고 생각하는 사람들이 거의 대부분이야. 실제로 증권시장에서 일하고 있는 사람들은 날마다 핑핑 눈이 돌아갈 정도로 오락가락하는 주식 정보 같은 걸 정확하게 파악하지 않으면 일이 되지 않아.

하지만 세상에는 달라지지 않는 것도 있어. '일을 하기 위해 사는 걸까, 살기 위해 일을 할까?' 또는 '뭘 위해 살지?' 처럼 인생에서 무엇보다 중요한 물음이나, 그 물음에 답하는 데 필요한 지식은 조금도 변하지 않았어. 정보는 나날이 달라지는 거지만 지식은 결코 변하지 않아. 진실로 중요한 것과 연결된 지식은 시대나 상황에 따라 절대로 변하지 않아.

한번 깊이 생각해 보자. 전화도 텔레비전도 없었던 백 년 전이나, 아무것도 없이 자연 속에서 살았던 5천 년 전이나, 그리고 인터넷이니 글로벌이니 하는 현대 세계나, 사람이 태어나서 살다가 죽는 건 완전히 똑같아. 무엇 하나 변하지 않았어. 태어나고 죽는 한에는 반드시 사람은 물어 보겠지. '뭘 위해서 사는 걸까?' 수천 년 전부터 인류는 인생에서 무엇보다 중요한 걸 끊임없이 묻고 생각해 왔어. 그 과정 속에서 깨달아 왔지. 앞서 깨달은 사람들의 그 지식은 신문에도 인터넷에도 나와 있지 않아. 그것들은 어디에서 찾을 수 있을까?

그래! 바로 '고전' 이야. 고전이라고 하는 책 말이야. 이미 사라져 간 먼 옛날 사람들이 기록한 말들 속에 있어. 몇 천 년 동안 시대는 변화를 거듭해 왔지만 전혀 변하지 않고 오롯이 남은 말들, 그 사실만으로도 인생에서 가장 중요한 건 결코 변하지 않는다는 걸 몸소 증명하고 있어. 그들의 말은 보석처럼 빛나고, 가치롭지. 이런 말들을 소중하게 대하는 것이 인생을 값지게 사는 거야.

이건 정말로 중요한 이야기야. 너희들은 말은 누구나 할 수 있고, 신문이나 인터넷을 비롯해 세상에는 말 천지인데, 어째서 그게 그처럼 중요하다고 생각하는지 의아해할지도 몰라.

코미디 프로에서 개그를 듣고 중요한 걸 들었다고 생각하니? 또 어리석은 몇몇 어른들이 자기들이 벌인 나쁜 짓거리를 덮으려고 열심히 변명하는 걸 듣고 '참 아름다운 말이야' 하고 생각하니?

사람들의 삶은 그들 자신이 하고 있는 말 그대로가 아닐까? 말이 바로 그 사람 자체가 아니겠어? 앞뒤 맞지 않는 말로 숨기려 들거나, 입만 열면 자기를 포장하려 든다면 자신의 인생을 소중하게 산다고 할 수 없겠지.

그래서 말을 소중하게 여겨야 해. 내뱉는 말 한 마디 한 마디가 나라는 인간의 품격, 나 자신의 가치인 거야. 인터넷으로 채팅을 하거나 의사를 표현할 때는 더욱 신경 써야 해. 쓸모 없는 말을 마구 늘어 놓을수록 쓸모 없는 인간이 되고, 인생은 가치 없는 인생이 되거든.

최근에는 말이 지닌 가치를 몰라서 사람들이 책을 별로 읽지 않아. 만화는 곧잘 읽지만. 그런데 만화에서도 대사인 말이 없다면 어떨까? 너희들이 좋아하는 만화에서 배우는 소중한 것들도 역시 말로 배우고 있을 거야. 만화에도 말이 없다면 뭘 제대로 표현할 수 있겠니? 말과 인간이 얼마나 헤어질 수 없는 사이인지 잘 알 수 있을 거야. 다시 생각해 보아도, 훌륭한 사람이 되고 싶으면 역시 책을 읽어야 해. 물론 어떤 책이라도 좋은 건 아냐. '진짜' 사람이 쓴 '진짜' 책을 읽어야 해. 미디어의 책략으로 유행하고 있는 책은 가짜이기 십상이야. 광고에 속지 않도록 보는 눈을 잘 닦아야 해!

절대로 틀림없는 건 고전이야. 사유하는 인류가 긴 시간 걸려서 찾아낸 진짜 말이 바로 고전이거든. 사람들의 마음에 이르지 못하고 사라져 간 수많은 말들 가운데서, 왜 그 말들만 남았는지 분명히 알게 될 때 너희들은 먼 옛날 사라져 간 현인들의 눈부신 지식을 소유하게 되는 거야. 이것이 인터넷에서 수다 떠는 것보다 훨씬 더 멋진 일이 아닐까?

열일곱 살부터 시작하는 시작하는 철학

우주의 끝은 과연 어떤 모습일까?

거대한 천체 망원경이나 정밀한 컴퓨터 덕분에 우주에 관한 많은 사실들이 이미 밝혀졌지. 이를테면 우리가 살고 있는 이 은하계는 우주의 수많은 은하계들 가운데 아주 작은 일부분에 지나지 않는다거나, 은하계에 있는 별 하나하나도 저마다 오랜 시간 동안 생성과 소멸을 반복해 오고 있다는 게 첨단 과학 장비들이 밝힌 것들이지. 게다가 이 광활한 우주는 150억 년 전에 빅뱅이라는 대폭발로 시작된 것이라고 그래.

그렇다면 빅뱅 전에는 과연 뭐가 있었을까? 그게 알고 싶지 않니?

아주 멀리, 그렇게 멀리 있는 뭔가를 사유하기 위해 아주 가까이 있는 뭔가를 먼저 사유해 보기로 하자.

눈앞에 꽃이 있어. 그리고 그 꽃을 내가 보고 있어. 그 꽃은 빨간색이고, 손을 뻗으면 만질 수 있고, 가까이 다가가면 향기가 나. 눈앞에 꽃이 있다는 것, 사람들은 이걸 전혀 의심하지 않지. 다들 확실한 사실이라고 생각해.

그런데 이렇게 사유할 수도 있지 않을까? 곰곰이 생각해 보자.

눈앞에 있는 꽃은 시간이 지나면 시들어 마르고 형태가 없어지지. '있던' 것이 '없어' 지는 거야. 이렇게 꽃이 시들어 사라지고 나면 눈앞에 꽃이 있었다는 건 얼마나 확실한 걸까? 그곳에 꽃이 진짜 있었다는 사실을, 꽃이 사라지고 난 지금은 어떻게 알 수 있을까? 다시 되짚어, 지금 눈앞에 꽃이 있다는 걸 정말 분명한 사실이라고 말할 수 있을까?

또, 이렇게 사유할 수도 있지 않을까? 눈앞에 꽃이 있는 꿈을 내가 꾸고 있다고 말이야. 사람들은 대개 꿈을 꾸고 있을 때는 그게 꿈이라고 생각 못 하지. 눈을 뜨고 나서야 '아, 꿈이었구나' 하고 깨닫게 돼. 마찬가지로 지금 눈앞에 꽃이 있다는 건 꿈이고 눈을 뜨면 꽃은 사라질 거라고 사유할 수도 있을 거야.

그래, 꿈의 범위를 좀 더 넓혀서 사유할 수도 있어. 이를테면 너희는 아침에 눈을 뜨면 세수를 하거나 밥 먹고 학교에 가는 일 같은 여러 가지 일을 하지. 그런데 그런 모든 생활, 앞으로의 삶, 태어나서 죽을 때까지의 모든 상황이 다 꿈이라고 사유할 수도 있어. 물론 밤에 잠자리에서 꾸는 꿈까지 포함해서, 삶이라는 꿈을 꾸고 있다고 말이야.

그렇다면 죽음이란 바로 그 꿈에서 깨어나는 순간이라고 할 수 있을 텐데, 꿈에서 깨어나는 바로 그 순간 너희는 과연 어디서 눈을 뜨게 될까?

아주 묘한 느낌이 들지? 삶은 어떻게 사유하느냐에 따라 무척 불가사의한 느낌으로 다가오기도 해. 그렇다면 이 삶을 어떻게 사유하는 게 좋을지, 무엇이 제대로 된 사유 방식인지 구체적으로 살펴보기로 하자.

눈앞에 꽃이 있다고 할 때, 그 때의 확실함은 물질인 꽃이 있다는 확실함뿐이야. 보이고, 만져지고, 향기가 나는, 육체의 오감(五感)으로 아는 확실함이지. 하지만 물질은 시간이 지나면 반드시 변화해서 없어져. 꽃이 말라 사라지는 것처럼 너희 육체도 아프거나 늙어서 반드시 죽게 돼. 다시 말하면 꽃이나 육체는 시간의 흐름에 따라 변화하다가 결국에는 사라지고 말아. 이건 물질의 확실함이 사실은 불확실한 거라는 사실을 말해 주지. 그런데 이런, 물질이 갖는 불확실함과는 다른, 절대적인 확실함이 있어. 바로 정신이 갖는 확실함이야. 앞서 '죽음' 이라는 장에서 '내가 있다', 그러니까 '정신으로서의 내가 있다' 는 이야기를 했어. '물질의 불확실함을 사유하는 정신인 내가 있다' 는 것 말이야. 이건 절대로 확실해. 육체가 병들고 늙어서 변해도 정신은 조금도 변하지 않아. 이처럼 물질과 정신은 똑같이 '존재' 하지만 서로 다른 방식으로 존재하지. 그럼 어떻게 서로 다르게 존재하는 걸까?

과학은 물질이 어떻게 구성되어 있고 어떤 과정을 거쳐 이루어졌는지, 그 경로와 상태를 밝히는 학문이야. 이 우주의 삼라만상은 물질로 이루어졌다는 전제 아래 그걸 해명하려 하지. 너희도 잘 알겠지만, 사실 현대 과학 기술의 진보는 참으로 눈부실 정도야. 사람을 태운 우주

선이 곧 화성까지도 날아갈 테고, 우주정거장도 벌써 건설되기 시작했지. 인공위성이나 우주선에서 찍은 선명한 우주 사진으로 엄청나게 멀리 떨어져 있는 은하나 성운도 볼 수 있어서, 사람들은 누구나 사진 속의 우주 정경이 바로 그곳에 확실히 있는 것이라고 생각해.

그런데 앞에서 우리가 사유한 바로는 '물질이 있다(존재한다)'는 건 확실한 사실이 아니야. 눈앞에 꽃이 있다는 확실함이 사실은 확실하지 않은 것처럼, 아주 먼 곳에 그렇게 생긴 은하가 있다는 것도 불확실한 것이 아닐까? 확실한 건 물질인 우주가 아니라 우주를 사유하는 정신 아닐까?

그러니까 우리가 망원경으로 100억 광년 떨어진 별을 볼 때 사실은 100억 년 전의 별을 지금 보는 셈인 거야. 그런데 지구는 약 40억 년 전에 탄생했다고 하잖아. 다시 말해 40억 년 전에는 아예 인간이 존재하지도 않았던 거지. 그렇다면 내가 존재하지도 않았을 때의 일을 어떻게 지금 내가 볼 수 있다는 말이지? 뭔가 이상하지? 과학자들이 말하는 빛 도달 시간의 차이를 인정한다 해도 말이야. 내가 '없었던' 100억 년 전의 일을 지켜보고 있는 내가 '있다'는 사실이 참 이상해.

다시 기억을 떠올리면 '내가 없다'는 건 어떤 경우에도 사유할 수 없는 거였어. 그런데 만약 '나'라는 것이 흔히 말하듯 머릿속에 든 뇌라고 한다면, 내가 세상에 존재하기 시작한 게 단지 십 몇 년 전의 일이니까 100억 년 전에 존재했을 리는 더더욱 있을 수 없지. 도대체 어떻게 된 거지? '지금'은 언제고, 시간과 공간이라는 건 뭐고, '나'는 누구일까?

잘 정리해 보자. 음, 그러니까 100억 년 전의 별을 지금 내가 보고 있어. 그렇다면 별이 있다는 것보다는 내가 있다는 것이 더 확실한 사실이지. 100억 년 전의 그 별도 실은 지금 내가 보고 있기 때문에 존재하는 셈이니까. 그러니까 실제로 오로지 있는 거라곤 '지금' 뿐인 거야. 100억 년 전이란 '지금' 인 거지. 아무리 오래된 별이나 은하도 그걸 보고 있다고 사유하는 지금의 나보다 더 확실하지는 않아. 왜냐면 눈앞에 있던 꽃이 사라졌을 때 꽃이 있었던 사실 자체를 의심할 수 있는 것처럼, 별이나 은하가 있는 것도 의심할 수 있기 때문이야. 100억 년 전의 별은 있을 수도 있고, 어쩌면 이미 없을 수도 있어. 또 다른 뭔가로 변했을 수도 있고. 물질은 생성과 소멸을 반복하는 것이기 때문이지. 하지만 별을 보고, 별이라고 사유하는 나만은 조금도 변하지 않아.

우주 전체라는 게 어쩌면 사유하는 정신인 내가 그렇게 사유하기 때문에 존재하는 건 아닐까? 그렇다면 말이야. 앞에 나온 이야기들을 다시 떠올리면, '내가 없다' 는 사실은 사유할 수 없으니까 이렇게 100억 년 전의 별이나 우주를 사유하는 내가 그 별이나 은하, 나아가 빅뱅조차 일어나지 않았던 그 때도 있었던 셈인 거지.

이쯤에 이르면 훨씬 흥미진진한 뭔가가 느껴지지 않니? 과학에서는 지금과 같은 물질로서의 우주가 시작된 시점을 빅뱅이 일어나고 난 뒤로 봐. 그렇다면 빅뱅 전의 우주는 지금과 같은 물질은 아닌 셈이야. 물질이 아니라고 해서 우주가 결코 '없었던' 건 아니지. '없다' 인 상태는 결코 '없다' 는 사실을 이제는 너희도 잘 알 거야. 빅뱅 전에도 반드시 분명히 뭔가는 '있었다', 아니 '있다' 는 언제나 '지금' 이니까 빅뱅 '전' 이라는 것도 사실은 없는 셈이네.

없는데 있다, 반드시 있다, '있다'고 사유하는 바로 이 '내'가 있다. 여기서 너희는 이 '내'가 뭔가와 아주 닮았다고 느끼지 않니? 그래! 바로 '신'이야.

뭔가 엄청난 상황까지 와 버린 듯하지? 눈앞에 꽃이 있다는 확실함을 의심하는 데서 출발해서 육체나 뇌, 우주 존재의 확실함을 의심하는 것까지도 해 봤어. 다들 알다시피 과학은 여기까지 사유하지는 않아. 과학이라는 건 물질이 '있다', 물질이 물질로서 '있다'는 사실을 기본 전제로 성립된 것이라서, 전제를 의심하게 되면 과학은 성립 자체가 불가능해지기 때문이야.

설령 그렇다 해도, 우리가 자연의 불가사의나 우주의 비밀을 진심으로 알고 싶다면 가장 먼저 물질이 '있다'는 게 뭘 말하는 건지 의심해 봐야 할 거야. 물론 의심한다고 해서 물질 같은 건 '없다'는 결론을 내릴 수는 없어. '없다'는 상태는 결코 없기 때문에 역시 물질은 '있다'지. 그렇게 물질이란 건 분명히 '있지만' 과학이 생각하는 것처럼 내 밖에 '객관적으로' 있는 건 결코 아니야. 이건 아주 중요한 얘기야. 앞에서 빅뱅을 포함해서 온 우주가 이 순간의 지금 '나'로 인해 있다고 한 것을 다시 한번 곰곰이 되새겨 보자. 그렇다면 어떻게 물질을 객관적으로 존재하는 거라고 할 수 있을까?

객관적이라는 게 없으니 주관적이라는 것도 없어. 우주로서 존재하는 자기 자신은 주관적인 존재가 아니야. 주관과 객관으로 나누는 것은, 물질은 물질이라고 의심하지 않고, 나는 나라는 걸 의심하지 않을 때 편의상 그러는 것일 뿐이라는 사실을 기억해 두자. 이를테면 마젤란 성운에서 찾아온 극소 물질 뉴트리노, 이것이 지구 생물체의 시작이라고 하는데, 뉴트리노가 너희 육체도 구성하고 있는 거라면 이런 사실을 사유하는 너희 정신은 도대체 어디에서 왔을까? 과학은 우주를 물질로만 규정해. 그래서 물질이 아닌 '정신'으로서의 우주에 관해선 궁금해하지도 않을 뿐더러, 또 그런 사유에 대꾸할 수도 없어.

그런데 너희는 밤마다 꿈을 꾸지. 그리고 꿈속에서 뭔가를 보게 돼. '본다'고 하지만 눈을 감고 있으니 우리가 흔히 말하는 육체의 눈으로 보는 건 아니야. 그렇다면 꿈속에서는 과연 무엇으로, 어떤 눈으로 보는 걸까? 또 더 나아가 보는 것은 분명히 '나'인데, 내가 전혀 알지 못하는 광경이나 사람들이 등장하기도 해. 음, 이쯤에서 질문을 하나 해보자. 너희는 꿈에서 보는 장면이나 사람들이 분명히 보이기는 하지만 물질은 아니라는, 너무나 당연한 사실을 알고 있니? 무슨 말인지 어렵다고?

뭔가 또렷하지는 않지만 꿈이나 우주가 서로 닮은 것 같지 않아? 가닥이 잡히지 않는 이 불가사의한 문제는 마지막에 다시 한번 사유해보기로 하자.

가만, 우주에 관한 꿈을 꾸고 있는 나? 그래, 그러고 보니 그 '나'는 '신'과 많이 닮았어. 마치 우주를 움직이는 전지전능한 창조주처럼 말이야. 음, 그런데 그렇게 우주를 보고 있는 신인 내가 왜 '지금' '여기' '이렇게' 있지? 왜 우주에 존재하는 그 무수한 별들 가운데 하나인 지구, 지구의 숱한 나라 가운데 하나인 이 나라, 여기에 살고 있는 수많은 부모들 가운데 지금의 부모한테서 태어나 여기에 앉아 있는 걸까? 왜 나는 나이고, 다른 사람이 아닌 걸까? 내가 '지금' '여기'

'이렇게' 있게 된 데는 뭔가 의미가 있는 걸까, 아니면 없는 걸까? 우주는, 또 나는 왜 존재하는 걸까?

인류는 진보해 왔을까? '진보'란 도대체 뭘 말하는 걸까?

돌도끼를 쓰던 석기시대부터 우주 여행을 계획하는 오늘날까지 그 흐름을 생각하면 '인류는 정말로 진보해 왔다'고 서슴없이 말할 수 있겠지. 불과 백 년 전만 해도 전화나 텔레비전 같은 건 상상조차 할 수 없었지만 지금은 휴대전화나 인터넷으로 지구 반대편에 있는 이들과 바로 이야기를 나누기도 하니 정말 엄청난 변화야.

그런데 이런 과학의 발달을 진보라고 한다면, 진보란 편리해지는 걸 뜻하는 건가? 과연 진보를 '편리해지는 것'이라고 정의해도 괜찮을까? 또 백 년 전에는 몇몇 사람들만 누릴 수 있던 값비싼 옷이나 맛난 음식을 지금은 누구나 살 수 있어. 만약 이렇게 바뀐 게 진보라면, 진보는 일상생활이 풍족해지는 걸 뜻하는 걸까? 그렇다면 진보를 '생활이 풍족해지는 것'이라고 해도 좋을까?

너희 자신을 돌아보면서 한번 생각해 봐. 너희는 휴대전화로 때와

장소를 가리지 않고 친구와 수다를 떨고 이메일을 주고받지. 친구 전화 기다리느라 굳이 집에 가만히 있어야 한다거나, 소식을 전하려고 편지를 쓰지 않아도 되니 참 편리해지긴 했어. 그런데 휴대전화나 인터넷 같은 편리한 도구로 주고받는 내용들이 알맹이는 전혀 없는 수다뿐이라거나, 듣기 거북할 정도의 다른 사람 험담뿐이라면, 그건 과연 무엇을 위한 편리함일까? 도구는 분명 진보했지만 그 도구를 사용하는 사람들의 정신은 조금도 진보하지 않은 게 아닐까? 아니, 진보하지 않았을 뿐만 아니라 편리해진 도구 때문에 '말' 또는 말이 지니는 정신의 가치를 조금씩 잃어 가고 있는 거라면, 그건 진보라기보다는 오히려 퇴보라고 하는 게 맞지 않을까?

멋진 옷이나 맛난 음식도 마찬가지야. 물론 멋진 옷에 맛난 음식은 살아 가는 데 커다란 즐거움이긴 해. 하지만 오로지 쾌락만을 삶의 목적으로 삼고서, 왜 사는지 무엇을 위해 내가 이렇게 하루하루를 보내는지 전혀 생각하지 않는다면, 그 결과 뒤로 내팽개쳐진 정신은 점점 가난해지고 말 거야. 게다가 생활이 풍족해졌다고는 하지만 실제로 삶이 나아졌는지는 모를 일이지. 정신이 빈곤해진 생활의 풍족함을 두고 인류의 진보라고 하기엔 개운치 않은 점이 참 많아.

진보를 두고 어떻게 정의할지 헷갈려하는 건 너희뿐만이 아니야. 어찌 보면 인류 전체가 '처음부터' 진보의 참뜻을 제대로 알지 못한 채 마냥 앞으로 앞으로만 전진해 왔는지도 몰라. 방금 '처음부터'라는 단어를 썼는데 '처음'이란 언제를 말하는 걸까? 어쩌면 인류가 살 공간을 마련하기 위해 동굴을 파기 시작한 무렵이나, 나무에서 열매가 떨어질 때까지 앉아서 기다리기만을 멈추고 도구를 만들기 시작한 무렵이 아닐까? 언제부터라고 딱 잘라 말하기는 어렵지만, 아무튼 인류가 자연 자체에서 벗어나 자연에 관한 지식과 기술을 얻기 시작한 무렵부터 말이야.

이렇게 인간이 앞으로만 나아가는 과정에 결정적인 기여를 한 건 과학, 다시 말하면 과학이라는 사유 방식의 등장이야. 과학적 사유의 등장은 수천 년 전의 그리스로 거슬러 올라가지. 인간이 태어나 살다가 끝내는 죽어 가는 곳인 자연, 그 자연의 신비함과 우주의 비밀을 알기 위해 수천 년 전 그리스 사람들은 사유하기 시작했어. 그러다 '자연은 물질'이라는 생각을 하게 됐지. 자연을 자기 '밖'에 존재하는 객관적인 물질로 보기 시작해, 관찰하고 실험해서 어떤 객관적인 법칙성을 찾아 내게 된 거야.

과학적 사유 방식은 획기적인 것이었어. 하늘에서 내리는 비가 신의 섭리와는 상관없는 것으로, 공기 중에 수분이 일정한 비율에 이를 때 일어나는 물리 현상이라는 사실을 사람들이 알아차렸기 때문이지. 지독한 가뭄과 홍수를 신의 저주로 알던 때와는 엄청나게 다른 자연관이라는 걸 짐작할 수 있을 거야.

사실 이렇게 자연을 물질로만 보는 자연관 자체에 문제가 있지는 않았어. 자연을 물질로 보면서 사유하는 것은 실제로 자연의 불가사의를 푸는 데 효과적인 방법이거든. 수많은 과학적 발명도 그래서 가능했고.

하지만 모든 걸 물질로 보는 방식이 너무도 효과가 있었던 나머지 모든 자연 현상에 똑같이 적용할 수 있다는, 곧 자연은 바로 물질이라는 생각에 빠지게 된 거야. 인류가 빠진 착각은 바로 이거야.

　모든 것을 자기 '밖'에 존재하는 물질로 보면서 사람은 자기 '안'에 있는 정신을 잊어 버렸어. 또는 '안'의 정신을 '밖'의 물질과 같은 것으로 보게 됐지. 정신을 물질로. 그래서 현대인 가운데 99퍼센트에 이르는 사람들이 정신은 물질인 뇌일 뿐이라고 착각하고 있고, 그렇게 된 가장 근본적인 이유가 바로 여기에 있어.

　하지만 정신은 물질이 아니야. 물질은 볼 수 있고 만질 수 있지만, 정신은 볼 수도 만질 수도 없어. 그런데도 '정신이란 물질로 존재한다'는 통념에 사로잡힌 정신은, 자기가 보이지 않는 정신이라는 사실도 잊은 채, 세상에는 보고 만질 수 있는 물질만이 존재하고, 먹고 살려면 가장 중요한 게 물질이라는 잘못된 생각에 깊이 빠지고 말았지.

　하지만 간단하게 한 가지만 떠올려 봐도 또렷하게 알 수 있어. 그 깊이가 어떻든 사람들은 누구나 '삶이란 뭘까? 뭐 때문에 살까?' 하고 나름대로 묻지. 그렇게 묻고 생각하는 그것이 뭐지? 바로 정신이야. 물질과는 다른!

　자기가 물질이 아닌 정신이라는 사실을 잊어 버린 정신과, 물질만을 중요하게 여기는 세계관이 똘똘 뭉쳐서 만들어 낸 결과물이 지금 우리 앞에 펼쳐진 '현대 사회'라는 광경이야. 동굴에서 석기를 만들기 시작하면서 싹이 튼 과학 기술의 발전은 근대 이후에 폭발적인 가속이 붙으면서 결국 여기까지 왔어. 석기 시대 사람들은 삶 자체가 자연과 함께하는 것이었으니까 그들의 삶과 자연은 그리 다르지 않았을 거야. 그리스 시대에는 과학자라 해도 자연의 불가사의와 비밀스러움에 경외심을 잃지 않았지. 그랬기 때문에 그들은 위대했어.

무엇을 위한 진보일까.

하지만 우주는 물질이고 과학은 만능이라는 굳은 믿음을 갖고 정신 같은 건 아예 잊어 버린 2천 년 뒤의 현대인들, 이들이 빚은 수많은 오류들을 한번 냉정하게 살펴보렴.

뭐 때문에 사는지 사유하지도 않고 어쨌든 살면 된다고 생각하기 때문에 현대인들은 수명을 늘이기 위한 생명 기술만 엄청나게 발전시키고 있지. 장기 이식이나 인간 복제, 훨씬 더 이상한 기술도 계속해서 나올 거야. 그런 기술을 개발하는 사람들은 '살고 싶다' 는 사람들의 바람이 자연스러운 거라고 말하지만, '무엇을 위해서' 살고 싶어하는지를 사유한다고는 말하기 힘들어. 만약 그것이 정신을 가난하게 하는 쾌락이나 욕망을 위해 살고 싶어하는 거라면 그런 인생이 무슨 의미가 있을까?

사람들이 뭐 때문에 사는지를 사유하지 않고, 어쨌든 살면 된다고 굳게 믿어 버린 가장 큰 이유는 죽음이야. 더 정확히 말하면 죽음에 대한 공포 때문이지. 그러나 그 공포는 우리가 전부터 알고 있듯이 죽음이 무엇인지, 죽는다는 것이 뭘 뜻하는지를 사유하지 않아서 생기는 것일 뿐이야. 그것을 사유하는 게 바로 정신이고. 사유하면 공포 같은 건 없어져. 죽음이 뭔지를 알게 되기 때문이지. 최첨단 의료기술도 죽음에 대한 공포 때문에 발명되고 있는 걸 보면 인류가 진보했다는 말이 우스울 뿐이야.

정보 기술이 하루가 다르게 발달하는 것도 단순하게 볼 일은 아니야. 갖은 하드웨어와 소프트웨어에 둘러싸여 어쨌든 따라가지 못하면 혼자 남고 만다는 조바심에 휘둘려 세상 사람들은 열심히 달리고 있어. 그런데 이것 또한 웃기는 일 아닐까? 그 사람들도 무엇 때문에 열심히 달리는지 알지 못한 채 그냥 달리는 거잖아. 삶의 의미나 죽음에 대한 공포 같은 걸 자각하지 못해서, 그것에서 달아나야지 하고 그렇게 달리는 거지. 그래서 사람은 자기 행위를 스스로 자각하는 게 꼭 필요해.

그런데 가만 보면 진보했다고 착각하고 들떠 있는 건 이른바 기술 선진국들이지, 현대 문명을 모르는 나라 사람들은 생명 기술이나 정보 혁명과는 아무런 연관이 없고, 오히려 생존조차 여의치 않은 상황이지. 그래서 그들은 무엇 때문에 사는가 같은 물음을 진지하게 물을 여유조차 없어.

하지만 선진국이든 후진국이든, 자신이 믿는 신과 정의를 위해 살아 간다고 '강하게' 믿는 사람들이 저지르는 폭력과 보복이 되풀이되고 있기는 마찬가지야. 미움과 다툼이라는 오래된 인류의 과제는 오늘날에도 전혀 극복되지 않고 있지. 어떻게 보면 인류 역사는 국가나 민족의 이름을 앞세운 전쟁의 역사라고도 할 수 있는데, 서로 미워하고 싸우는 사람의 마음은 오늘날까지도 전혀 진보하지 않았다는 사실을 분명히 알 수 있어. 이것도 틀림없이 사유를 게을리한 결과겠지?

자, 인류 역사가 시작된 뒤로, 또는 그 이전부터 인류는 이 지상에서 무엇을 위해 무엇을 해 왔을까? 인류사에서 진보란 뭘까? "인류의 역사 같은 건 나랑은 상관없어, 나는 나를 위해 내가 하고 싶은 걸 할 뿐이야." 하고 말하는 너희들! 그래, 지금 한 말 그대로야. 어떤 시대든 인간은 모두 저마다 자기를 위해 자기가 하고 싶은 것을 해 왔을 뿐이지. 원시인도, 과학자도, 테러리스트도 인류 같은 건 생각지도 않고 자기가 하고 싶은 것을 할 따름이지. 인류를 위해 한 일이라 하더라도 인류를 위한 것이라고 생각한 자기를 위해 한 것일 뿐이야. 하지만 사람들이 저마다 자기를 위해 자기가 하고 싶은 걸 하고 있는 결과가, 하나의 시대, 그 시대의 정신이라는 걸 만들어 내잖아. 그러니까 나와 시대, 나와 인류 전체라는 게 무관한 게 될 수는 없어. 뿐만 아니라 정신이라는 걸 두고 볼 때도 역시 나는 곧 인류이자, 인류 역사 그 자체인 건 아닐까?

나와 다른 사람은 아주 깊은 곳에서 서로 연결되어 있다고 말했어. 그리고 나와 세계는 다르지 않다는 말도 했고. 전혀 관계 없는 사람들이 자기 마음대로 움직이면서 사는데도 이 세계에 하나의 시대가 나타나게 되는 것도 바로 그 때문이지. 이 사실을 깨닫고 나면 세상이 아주 재미있게 보여. 모든 사람이 바로 나? 원시인도, 과학자도, 테러리스트도 같은 정신으로서의 나다? 역사란 정신의 역사야. 사람이 자기가 정신이라는 것을 확실히 자각할 때, 그 때 비로소 '안' 도 '밖' 도 없는 장대한 시각이 열리게 되지.

그래서 나와 인류 전체는 다른 게 아니기 때문에 내가 좋아지지 않으면 인류 전체도 좋아지지 않는 거야. 그 반대도 마찬가지고. '나만 좋으면 그만이야' 할 때의 그 좋은 것은 실은 자기한테도 전혀 좋은 것이 아닌 게 돼.

자, 정신 그 자체인 너희는 이 땅에서 무엇 때문에, 무엇을 해 나가려고 사유하고 있는 걸까? 인류의 진보란 무엇의 진보일지, 더 말하지 않아도 알겠지?

왜 사람을 죽이면 안 되는 걸까?

영화나 만화에서 사람들이 서로 죽이기도 하고 죽기도 하는 걸 흔히 봤겠지. 요즘 들어서는 너희와 비슷한 또래 청소년들이 실제로 사람을 죽이기도 하지.

인류는 역사가 시작된 뒤로 집단끼리 벌이는 대규모 살인, 다시 말해 전쟁이라는 행위를 끊임없이 되풀이하면서도 왜 사람을 죽여서는 안 된다고 하는 걸까? 어쩌면 사람을 죽이는 일이 해서는 안 될 짓이 아닌 건 아닐까? 이 문제를 한번 깊이 사유해 보자.

누구나 사람을 죽여서는 안 된다고 말해. 적어도 사람을 죽이는 일이 좋다고 하는 걸 들어 본 적은 없을 거야. 그렇다면 사람을 죽여서는 안 되는 이유를 생각나는 대로 하나씩 사유해 보자.

우선 '살해당하는 사람이 불쌍해서' 같은 아주 단순한 이유를 들 수 있어. 살해당한 사람은 이제 이 세상에 없으니까 더는 살아서 즐거워

할 수 없다는 생각을 하고 가엾게 여기지. 그런데 '죽음'이라는 장에
서 살펴본 것처럼 죽은 사람이 어떻게 되는지는 산 사람으로서는 결
코 알 수가 없어. 어쩌면 죽은 사람은 살아 있을 때보다 더 즐거워하
고 있는지도 몰라. 또 아니면 아주 없어졌으니 뭔가를 느낄 리도 없겠
지. 죽은 사람이 어떻게 느낄지는 절대로 모를 일이잖아. 그러니 살해
당한 사람이 가여운 건, 사실은 죽은 사람이 가여운 게 아니라 산 사
람이 가엾다고 생각하는 것일 뿐인 거지. 그렇다면 그 이유로 사람을
죽여서는 안 된다는 건 꼭 그래야만 한다고 말할 수 있는 이유는 아닌
거네.

　하지만 살해당한 사람의 가족은 분명히 슬퍼하지. 그것은 분명하게
알 수 있고 어떻게 봐도 안된 일이야. 그래서 사람을 죽여서는 안 된
다고 말할 수 있는 건지도 몰라. 그런데 가족을 슬프게 하기 때문에
사람을 죽여서는 안 되는 거라면 가족이 없는 사람은 죽여도 좋고, 가
족이 있는 사람이라도 그 가족을 슬프게만 하지 않으면 죽여도 괜찮
다는 게 되겠네? 이를테면 스스로 원해서 죽은 척 꾸민다든지, 또는
가족한테 보험금이 많이 주어진다면 죽게 되는 걸 기뻐할 사람이 있
을지도 모를 일이야. 그러니 이것도 사람을 죽이면 안 되는 이유로는
적합하지 않아.

　또 죽임을 당하는 사람이 고통스러울 것 같아서라는 것도 전혀 이
유가 안 돼. 사람을 고통스럽지 않게 죽이는 방법도 얼마든지 있으니
까 말이야.

　내가 죽이는 것이 싫어서 사람을 죽이는 건 안 된다고 말할 수는 없
을까? 그런데 '싫다'는 것과 '안 된다'는 건 다르지. 이를테면 다른 사

람한테 야단맞는 게 싫어서 다른 사람을 야단쳐서는 안 된다고 할 수는 없잖아. 야단을 치는 쪽이 그 사람을 위해서 그러는 경우도 있으니까. 그렇다면 죽이는 쪽이 그 사람을 위해서 죽이게 되는 경우도 있을 수 있겠네?

어떤 때는 누군가를 죽이는 쪽이 다른 많은 사람을 위하는 경우일 때도 있어. 예를 들어 수많은 사람을 죽인 히틀러 같은 살인자가 그런 경우지. 그런 경우에도 역시 죽여서는 안 되는 걸까? 그런 사람은 죽이는 편이 모두를 위하는 게 아닐까? 하지만 그렇다면 죽여도 좋은 사람과 그렇지 않은 사람을 어떻게 구분할 수 있을까? 살아야 할 사람과 살아서는 안 될 사람을 구분한다면 누가 그걸 정할 수 있지?

전쟁이라는 상황을 떠올린다면 사람을 죽여선 절대 안 된다고 할 수는 없어. 전쟁에서는 가능하면 많은 사람(적군)을 죽이는 게 좋은 일이니까. 국가가 나서서 사람을 죽여야 한다고 장려하기 때문이지. 이처럼 때와 장소에 따라 사람을 죽여도 되는지 안 되는지가 달라지니, 언제 어떤 경우에도 절대로 사람을 죽여서는 안 된다고 할 수는 없는 거네.

또, 만약 생명이 둘도 없이 소중한 거라면, 왜 사람을 죽이는 건 안 되고 소를 죽이는 건 괜찮은 걸까? 소의 목숨도 두 개가 아닌데 말이야. 사람을 죽여서는 안 된다는 건 인간들 스스로가 자기들 좋을 대로 그렇게 생각하는 것뿐이지 않을까?

이렇게 저렇게 사유해 봤지만 사람을 죽여서는 안 된다는 절대적인 이유 같은 건 아무래도 못 찾겠군. 다들 그렇게 말하니까 뭔지 모르지만 그래야 될 것 같은 기분이 든다는 걸로 되어 버린 듯한데, 그렇잖아? 그렇다면 내가 다른 사람을 죽여도 괜찮고, 다른 사람이 나를 죽여도 어쩔 도리가 없는 걸까?

사람을 죽여서는 안 된다고 법으로 정해져 있어서 안 된다는 건 어떨까? 살인은 법률상 죄라서, 그 벌로 사형을 당하기도 하지. 만약 사형당하는 게 싫어서 사람을 죽이지 않는다면 '이것은 안 된다' 는 규칙을 따르는 것일 뿐, 스스로 '살인을 해서는 안 된다' 고 생각하는 건 아니잖아. 이 이유라면 사람을 죽여도 벌을 받지 않는다면 죽여도 좋겠지만, 들키면 곤란하니까 죽이지 않는다가 되겠지. 실은 이게 죽이고 싶은 마음이 들어도 죽이지 않는 사람들의 가장 일반적인 논리일 것 같아.

여기까지 이야기하다 보니 규칙, 그러니까 사람을 죽이면 안 된다는 게 가장 그럴 듯한 이유 같기도 해. 그런데 그 규칙이 왜 사람을 죽이면 안 되는지를 알려 주지는 않아. 그러니까 규칙은 규칙일 뿐이야.

그런데 다시 한번 생각해 보자. 사람을 죽이면 안 되는 이유가 규칙으로 정해져 있기 때문이라는 논리를. 여기서 자기 자신한테 다시 물어 보자. 그것이 규칙으로 정해져 있든 그렇지 않든 사람을 죽여서는 안 된다는 느낌이 내 마음속에 있는지 없는지를 말이야.

'~해서는 안 된다' 는 말은 그 자체가 금지 명령이기도 하고, 벌써 규칙이기도 하지. 만약 그걸 한다면 법률이나 사회적으로 분명히 정해져 있는 것을 벗어난다는 경고를 하고 있는 셈이야. 그러니까 법률이나 사회 같이 밖에 있는 뭔가에 따라 막연히 생각할 게 아니라 자기 내면에 물어 보려면 '왜 사람을 죽여서는 안 될까?' 보다는 '왜 사람을 죽이는 것은 나쁠까?' 하고 물어 보는 게 좋겠다. 그러고 나서 이번에는 '나쁘다'는 말의 뜻에 대해서도 사유하기로 하자. 앞의 '규칙'이라는 장에서 머리 물들이는 걸 예로 사유해 보았는데, 이건 그것보다 어려운 물음일 거야.

'나쁘다'는 건 뭘까? 지금 사회에서 가장 나쁜 일로 여기는 살인조차도 그것이 '왜' 나쁜지 모르는데, 머리를 물들이는 게 나쁘다고 하는 건 웃을 일이고, 살인은 아니지만 범죄라고 여겨지는 폭력이나 소매치기, 매춘 같은 것도 나쁜 짓일 리 없겠지. 그런 행위는 만약 벌받는 것조차도 아무런 상관이 없다면 '해도 좋아. 내가 좋다면 그걸로 좋은 거잖아'가 되지.

그런데 여기서 너희가 주목했으면 하는 게 있어. '내가 좋으면 그것으로 그만'이라는 말. 앞에서도 몇 차례 나온 말이기도 하고 누구나 별 생각 없이 즐겨 쓰는 말이기도 해. 어쩌면 너희도 하루에 몇 번씩 입에 올리는 말일지도 몰라. 그렇다면 더더욱 그 말이 뜻하는 바를 곰곰이 사유해 보자. 조금만 진지하게 생각해 보면 뭔가 이상한 점을 발견할 수 있을 거야. 복습도 할 겸 여기서 분명히 한번 짚어 보자.

사람은 자기한테 좋다고 여겨질 때만 뭔가를 한다고 앞에서 말했어. 자기한테 나쁘다고 여겨지는 것을 애써 할 리는 없지. 살인을 저지르거나 성매매를 하는 사람들도 그렇게 하는 게 자기한테 좋을 거라고 여기니까 그렇게 하는 거지, 해가 된다고 생각하면 그러지는 않을 거야. 그런데 이 때 '자기한테 좋다고 여겨지는 것'이라 했는데, 자기가 한 행동들이 진정으로 좋은 것인지 어떤지 그 사람이 정확하게 알고 움직인다고 볼 수 있을까? 순간순간의 충동이나 욕망에 따라 행동하는 것일 뿐, 사유하는 정신으로 판단하지 않는 건 아닐까. 또 만약 어떤 사람이 자신의 행위가 좋은 거라고 여기고서 한다 해도 '진짜로는' 아주 나쁜 일일지도 모르잖아? 만약에 좋다고 생각하고 한 행위들이 사람들한테 나쁜 짓이라면 그게 어떻게 자기 자신한테 좋을 수 있을까? 아마도 나쁜 행위를 하는 사람은 그 나쁜 짓이 결국 자기한테도 나쁘다는 사실을 몰라서 그럴 거야. 나쁜 행위가 결국은 자기한테도 나쁜 일이라는 사실을 알지 못하니까 서슴없이 나쁜 행위를 연달아 저지르게 되지. 뭔가를 먹으면 반드시 병에 걸린다는 걸 알면서도 일부러 즐겨 먹는 사람은 없잖아. 이렇게 자기한테 나쁘다는 사실을 알면서도 일부러 할 사람은 없어. 뭔가 나쁜 행위를 하는 사람은 그 행위가 자기한테는 좋을 거라고 착각하고 있는 건 아닐까?

하긴, 자기한테 나쁘다는 걸 알지만 그래서 더더욱 저지르고 싶다는 사람이 있을 수도 있겠다. 그렇다고 해도 자기한테 얼마나 나쁜 일인지 진정으로 알고서 그처럼 나쁜 짓을 할 리는 없어. 한번쯤 악당 흉내를 내 보고 싶은 마음, 그 정도일 거야. 물론 본인은 자기 심리 상태를 모르고 있을 수도 있지만.

자기한테 좋은 건지 어떤 건지 자기가 진정으로 알지 못한다는 사실을 깨닫기 위해서 우리는 뭘 해야 할까? 더 말할 것도 없지. 정신으로 사유하면 되는 거야. '이 행위가 나한테 진정으로 좋은지 어떤지' 사유하기 시작하면 또 다른 새로운 물음이 생겨날 거야. 자기 행위를 두고 순간순간 '왜 나쁘지?' '어디가 나쁘지?' 스스로 진지하게 묻는 사람은, 벌써 그 행위가 나쁘다든지 좋다든지 하는 진실을 잘 알고 있는 건 아닐까 하는 물음 말이야. 알기 때문에 오히려 묻는 건 아닐까?

전혀 모르면 궁금하지도 않으니까 의문도 생기지 않잖아. '왜 나쁘지?' '어디가 나쁘지?' 하고 묻는 사람은, 그 물음을 던지는 한에는 그것이 나쁘다는 사실을 언제부턴가 알고 있었던 셈이야. 그런데 알고 있으면서 왜 나쁜 짓을 하지?

하긴, 그보다 훨씬 불가사의한 건, 사람은 어떻게 나쁜 걸 나쁘다고 벌써 알고 있을까 하는 게 아닐까?

어떻게 사람은 나쁜 게 나쁘다는 걸 알까?

오늘날 우리 사회에서 가장 나쁜 행위라고 하면 살인을 들 수 있을 거야. 하지만 불과 60년 전만 해도 살인은 달리 평가되었어. 온 세계가 전쟁이라는 광기에 휩싸여 돌아갈 그 무렵에는 사람을 죽이는 행위를 반드시 나쁜 행위라고 규정하지는 않았지. 물론 지금 전쟁을 벌이고 있는 나라들에서도 전쟁터에서 사람을 죽이는 일을 두고 나쁜 짓이라고 나무라지는 않아. 그러고 보면 '악'에 대한 평가도 시대나 상황에 따라 적당히 바뀌는 것처럼 보이네. 언제 어떤 상황에서나 절대적으로 나쁜 건 없다는 생각이 들기도 하지.

그런데 절대적으로 나쁜 것은 과연 없는 걸까? 만약 절대적으로 나쁜 게 정말로 없다면 어째서 사람들은 그 사실에 대해 말하고 묻고 할 수 있는 걸까? '없다'는 없으니까 만약에 절대적으로 나쁜 게 정말로 없다면, 그것에 대해서 말하거나 묻거나 하는 것이 아예 불가능하지 않았을까? 어떤 사실에 대해 말하거나 묻거나 할 수 있는 건 그것이 '있거나', 또는 있다는 걸 이미 알고 있어서 가능한 게 아닐까?

절대적으로 나쁜 것은 없다고 '말하는 한'에는 절대적으로 나쁜 것이 있다는 사실을 우리는 벌써 알아. 마찬가지로 절대적으로 좋은 것은 없다고 '말하는 한'에는 절대적으로 좋은 것이 '있다'도 성립하지.

그런데 어떻게 사람들은 절대적으로 나쁜 것, 또는 좋은 것이 있다는 사실을 벌써 알고 있을까?

"아니, 그런 건 몰라. 생각해 봐, 다들 알다시피 그때 그때 상황이나 시대에 따라 나쁘다 좋다는 자꾸 바뀌잖아. 언제 어느 때든 절대적으로 나쁜 건 세상 어디에도 없어. 만약에 절대적으로 나쁜 걸 알고 있다면 '이게 그렇다'고 확실히 말해 보라고."

세상 대부분의 사람이 이처럼 말할 게 틀림없어. 하지만 사람들이 단추를 잘못 꿰는 지점이 바로 이 지점이야. 보통 사람들은 '나쁘다' 또는 '좋다'라고 하면, 살인이나 도둑질, 성매매처럼 흔히들 나쁘다고 여기는 어떤 특정한 행위를 가리키듯이, 분명히 가리킬 수 있는 것처럼 생각하지. 하지만 그렇게 가리킬 수 있는 행위들이야말로 알다시피 시대나 상황에 따라 그 평가가 달라지는 것들이야. 그래서 만약 시대나 상황이 바뀌어도 달라지지 않는 어떤 나쁜 뭔가가 있다 하더라도, 그걸 구체적인 표현으로 가리키게 되면 그 뭔가는 결국 시대나 상황에 따라 평가가 달라지는 어떤 특정한 행위들과 마찬가지가 되고 말아. 그렇다면 어떻게 그 무엇을 두고 절대적으로 변하지 않는 나쁜 것, 또는 좋은 것이라 할 수 있을까?

'절대'는 '무엇 무엇에 대한'이 아닐 때에만 비로소 '절대'야.

'말'이라는 장에서 '아름답다'는 말을 사유했던 장면을 떠올려 보자. 아름답다고 느끼고, 아름답게 보이고, 아름답게 들리는 건 사람들마다 전부 다르지만, 뭔가를 두고 사람들이 아름답다고 말하는 그 '의미'는 모든 사람이 공유하고 있어. 그래서 '아름답다'는 말의 의미, 모든 사람이 공유하는 그 말의 의미는 상대가 아니라 절대인 거지. 달리 말하면 아름다운 어떤 것들을 아름다운 뭔가로 존재하게 하는 건 '아름답다'라는 '의미' 때문이야. 그리고 이 '의미'는 절대인 까닭에 상대적인 뭔가로 나타내기는 불가능해. '좋다, 나쁘다'의 경우도 마찬가지야.

그렇다고는 하지만 사람들은 '좋다, 나쁘다'는 말을 떠올리면 아무래도 어떤 구체적인 사항을 함께 떠올리곤 하지. 좋거나 나쁘다고 여겨지는 이런저런 사항들은 구체적이어서 상대적인 거야. 그러다 보니 사람들은 '좋다, 나쁘다'는 상대적이지 절대적인 건 아니라고 굳게 믿어. 하지만 사실은 달라. 좋다고 '여겨지는' 무엇이나, 나쁘다고 '여겨지는' 어떤 것을 그렇게 여기도록 하는 건, '좋다, 나쁘다'는 의미 때문인데, 이건 절대인 거지. 이건 변하지 않아. 너희가 이해하기는 좀 어려울 수도 있겠다. 그래도 한번 곰곰이 생각해 볼까? 너희는 '좋다'란 말을 하면서 '나쁘다'라는 의미로, '나쁘다'라는 말을 하면서 '좋다'는 의미로 생각할 수 있니? 절대적으로 불가능하지. 그래서 사람은 '좋다'는 절대적으로 '좋다'이고, '나쁘다'는 절대적으로 '나쁘다'인 걸 누구나 당연히 알고 있어. '좋다, 나쁘다'는 말이 있는 한 사람은 '좋다, 나쁘다'를 분명히 알고 있는 거지.

그런데도 사람은 그 '좋다, 나쁘다'는 말을 할 때면 아무래도 이런

저런 상대적인 내용들을 떠올리곤 해. 바로 그렇게 떠올리는 내용들이 흔히들 도덕이나 관습 면에서 좋다고 하는 '좋다'이고, 법률이나 사회가 나쁘다고 규제하는 '나쁘다'에 해당하지. 하지만 도덕이나 법률은 시대나 나라에 따라 어김없이 달라지는 상대적인 거라서, 법이나 도덕을 기준으로 한 '좋다, 나쁘다'가 상대적인 건 당연한 거겠지? 그럼에도 사람들은 곧잘 절대적인 '좋다, 나쁘다'도 상대적인 '좋다, 나쁘다'처럼 도덕이나 법률 같은 구체적인 뭔가로 존재한다고 생각해. 하지만 도덕이나 법률은 '나'라는 존재의 밖에 있고 시대나 나라에 따라 달라지므로 절대적이라고 할 수는 없어.

선악의 기준을 자기 밖에서 찾아야 한다는 통념의 뿌리는 엄청나게 깊지. 도덕이나 법률은 시대나 나라에 따라 상대적인 게 틀림 없는데도 인류는 이 통념을 깨지 못한 채 몇 천 년을 이어 왔어. 물론 진실이 뒤엉켜 버리기도 하면서 말이야. 그런 가운데서도 아주 드물게 깊이 사유하는 몇몇 사람들이 이 너무나도 당연한 사실을 깨달았어.

너희는 앞으로 새로운 시대를 열어 갈 사람이야. 지금까지와는 다른 새로운 시대의 사람이니까 틀림없이 알아차릴 수 있을 거야. 자기 밖에 있는 도덕이나 법률이 좋다 나쁘다를 판단해 줘서 좋거나 나쁜 건 결코 아니라는 걸. '좋다, 나쁘다'를 판단하는 기준은 오로지 '내 안'에 있다는 걸. 그렇다고 해서 좋다 나쁘다가 사람에 따라 다른 상대적이라는 말은 또 아니야. 왜냐면 '좋다'는 말이 있고 '나쁘다'는 말이 있고, 그리고 그 말의 의미를 사람들이 '벌써' 알고 있다는 사실은 절대이기 때문이야.

“음, 잘 알겠어. 그렇다면 선악은 바로 내가 판단하면 되는 거네. 그러면 난 뭘 기준으로 어떻게 판단해야 되지?” 하고 너희는 묻고 싶을 거야. 그런데 그렇게 물어서는 안 돼. 자기 판단 말고는 선악 같은 건 없으니까 말이야. 다른 사람한테 묻지 말고 자기 자신한테 물어야만 해. 누군가가 판단한 ‘이렇게 해야만 돼, 그건 나빠’ 하는 말들은 모두 무시하고 말이야. 그래서 너희 스스로 좋다고 판단한 것을 행하고, 나쁘다고 판단되면 하지 않으면 되는 거야.

너희는 그렇게 할 수 있어. ‘좋다, 나쁘다’ 라는 절대적인 가치를 지닌 말을 자기 안에 확실히 품고 있으니까. 사람들 저마다에게 닥쳐오는 상황은 다 제각각 상대적이지만, 그럼에도 누구나 절대적인 선악을 실현해 갈 수 있는 까닭이 바로 여기에 있지.

너무 추상적인 말만 늘어 놓았네. 좀더 구체적인 이야기를 해 보자.

선악을 자기가 판단하는 거라고 했을 때 사람들은 종종 ‘선악’을 ‘즐거움과 괴로움’ 으로 착각하곤 해. 그래서 내 기분을 좋게 하면 좋은 것이고 괴롭게 하면 나쁜 것이라고 착각하지. 하지만 반드시 그런 건 아니야. 이를테면 암에 걸려 항암치료를 받는다고 하자. 물론 치료 받는 과정은 아프고 괴롭겠지만 ‘내가’ 낫는 데 도움을 주니 결코 나쁜 건 아니야. 또 우리가 흔히 먹는 음식 가운데 몸에는 별로 좋지 않지만 맛은 물론이고 기분까지 좋게 하는 것들이 있어. 그 음식을 먹으면 ‘나’ 한테 좋지 않다는 걸 사람들은 알지. 동물은 생존을 위해 할 수 있는 한 쾌락을 좇고 고통은 피하려는 게 기본이야. 그렇지만 선악에 대한 판단은 인간만이 가능해. 인간은 ‘말’ 을 소유하는, 그래서 벌써 ‘선악’ 이라는 ‘말’ 의 의미를 깨달아 버린 동물이야. 벌써 깨달아 버린

한 자기한테 좋은 것만 할 수밖에 없어. 사람들이 자기한테 나쁜데도 하는 이유는 그게 진정 나쁘다는 걸 알지 못해서지. 불량식품인데도 그게 얼마나 몸에 나쁜지 모른 채 마구 먹어 대는 사람처럼 말이지.

처음에 던졌던 질문 '사람을 죽이는 행위가 나쁜 건가?' 로 돌아가 사유해 보자.

사람을 죽이는 행위는 하나의 구체적인 사항이니까 그게 절대로 나쁜지 어떤지 말할 수는 없어. 전쟁의 소용돌이 속에서 사람들은 사람을 죽이는 것을 막지 않아. 하지만 평화로울 때는 달라져서 사람을 죽이는 일이 세상에서 가장 나쁘다고 여기지. 법으로 막지 않는데도 말이야. 그처럼 자기 밖에 있는 법이나 도덕이라는 기준 없이도 어떤 사항에 대해 사람들이 나쁘다고 느끼는 까닭은 뭘까?

원칙을 다시 떠올리자. 사람은 자기한테 좋다고 여겨지는 것을 하고, 나쁘다고 여겨지는 것은 하지 않는다고 했어. 여기서 만약에 '죽음' 이 좋은 것, 다시 말해 나한테 좋은 거라고 여긴다면 사람들은 별 주저 없이 타인을 죽이지 않을까? 아니 어쩌면 다른 사람을 '죽이기' 전에 먼저 내가 죽어 있을 가능성이 더 많지. 내게 좋은 일이니까. 하지만 살인을 저지르는 사람은 거의가 다 자기는 죽지 않고 계속 살지. 이 말은 살인을 저지르는 사람 역시 '사는 것이 좋은 것' 이고 '죽는 것은 나쁜 것' 이라는 걸 알고 있다는 뜻 아닐까? 또 나와 타인은 아주 궁극적인 지점에서 서로 하나로 연결되어 있어서, 나는 또한 모든 타인이기도 하지. 따라서 타인을 죽인다는 건 사실은 나를 죽이는 일일 수도 있기 때문에 누군가를 죽이는 일은 나한테도 나쁘다는 걸 어느 새 알고 있고, 그래서 사람은 타인을 죽이는 일이 나쁜 거라고 느끼는 걸지도 몰라.

좋고 나쁜 것을 사람들은 어떻게 아는지 끝까지 사유해 보길 바래. 참으로 깊고도 깊은, 그 바닥을 알 수 없는 물음이니까.

그런데 여기서 엉뚱한 질문 하나 해 보자! 누구나 아는 히틀러 같은 악인을 죽이는 건 과연 어떨까? 역시 나쁠까? 만약에 너희가 이런 극단적인 상황에 부딪혔다면 어떻게 판단하고 행동하겠니? 잠시 조언을 한다면 우선 온갖 가능성을 사유한 뒤에 판단하도록. 그리고 뭔가를 걸어야 해. 너희의 선과 악, 너희 인생 전부를 걸어야지. 너희가 사유한 끝에 선택한 그 행위에 거는 거야.

선악에 대한 심판은 오로지 '신' 만이 알겠지. 그래서 사람들은 내세의 존재에 대한 물음을 줄곧 하게 돼. 이렇게 자신의 선과 악을 걸고 인생을 거는 일이 '히틀러를 죽이는 것' 같은 극단적인 장면에서만 필요한 건 아니야. 우리들 행위 하나하나, 마음속에 자리 잡은 모든 생각들이 사실은 모두 그렇게 깊은 사유를 통해서 판단해야 하는 것들이야. 물론 다들 잘 알고 있겠지만 말이야.

만약에 너희가 선악이 밖에 있지 않고 자기 안에 있다는 사실 하나만이라도 확실히 깨달았다면, 그 다음은 그리 어렵지 않아. 이를테면 '하지 않으면 안 되는 것' 이 아니라, 좋은 게 아니면 하고 싶지 않고, 좋은 것만이 '하고 싶은 것' 으로 바뀌게 되어 있어, 나도 모르게 말이야. 바로 이 때 비로소 '선-악' 과 '쾌락-고통' 이 서로 일치하게 돼. 진정으로 좋은 건 무척 즐거운 것이지!

우리 사회는 자유주의 사회야. 봉건 사회나 전체주의 사회처럼 개인이 국가나 제도에 휘둘리지 않고 자유롭게 행동할 수 있는 그런 사회지. 너희는 우리 사회가 자유주의 사회여서 참 멋지다고 생각하지 않니?

아닌 게 아니라 국가나 제도에 휘둘리지 않고 내가 하고 싶은 것을 할 수 있다는 건 참 멋진 일이야. 그런데 여기서 잠깐 생각해 보자. '내가 하고 싶은 대로 하는 것'을 '자유'라고 해도 괜찮을까? 내가 하고 싶은 것을 하는 것이 '자유'라면 왜 도둑질할 자유, 살인의 자유, 성매매의 자유는 없을까? 오히려 그런 행위들은 법으로 금지하고 있는 실정이잖아. 자유에 어떤 제한이 있다면 그것이 자유일까? 그렇다면 자유라는 게 도대체 뭔지 궁금하지 않니?

'규칙'을 말하는 장에서 인간한테는 나쁜 일을 할 자유도 있다는 말을 했어. 기억하니? 그런데 나쁜 일을 할 자유도 진정한 자유라고 할 수 있을까? 이것까지 포함해서 자유란 무엇인지를 한번 진지하게 사유해 보자.

우선 자유란 '내가 하고 싶은 것을 하는 것'이라고 해 보자. 바로 앞 장에서 한 이야기 가운데 좋다 나쁘다를 판단하는 기준은 자기 안에 있고, 그 사실을 깨닫게 되면 자기가 하고 싶은 게 자기한테 좋은 것이고, 자기에게 나쁜 건 아예 하고 싶어지지 않는다는 말을 했어. 이번에는 이렇게 한번 생각해 보자. 누군가가 자기한테 좋다고 '여겨져서' 했지만 '실제로는' 아주 나쁜 일이고, 정작 자신은 그 사실을 모른 채 좋은 것으로 착각하고 있다고 하자. 그렇다면 그 누군가는 자기한테 나쁜 뭔가를 하고 있어서 결코 자신에게 도움이 못 되겠지. 하지만 앞의 말에 견주어 사람은 항상 자기한테 좋은 것을 하고 싶어하니까 지금 하고 있는 뭔가는 진정으로 자기가 하고 싶은 게 아니라는 얘기가 되겠네. 단지 자기한테 좋다고 착각하고 있을 뿐. 자기가 하고 싶은 것을 한다고 '생각한다' 하더라도 '실제로는' 자기가 하고 싶은 뭔가를 하고 있는 건 아닌 셈이지.

이 말들을 정리하면 그 사람은 자기가 하고 싶은 것을 하고 있지 않으니 자유로운 사람이 아니란 말이지. 또 자기한테 나쁜 뭔가를 하는 것도 자유라 할 수 없어. 나쁜 것을 할 자유 같은 건 없다는 말이지. 법으로 금지하고 있어서 도둑질이나 살인할 자유가 없는 게 아니라, 설령 법이 금지하지 않는다 하더라도 도둑질이나 살인은 결국 자기한테 나쁜 것이어서 자기가 자유의지로 하지 않는 것뿐이야.

이 차이를 깨닫고 있는지 아닌지가 사람이 진정 자유롭게 살 수 있는지 아닌지를 가늠하는 잣대가 돼.

좀 다른 예지만 법으로 보장하는 언론의 자유나 표현의 자유에 대해 사유해 보자.

자기가 말하고 싶은 것을 말하고, 쓰고 싶은 것을 쓰는 것을 두고 언론의 자유, 또는 표현의 자유라고 하지. 누군가가 뭔가에 대해 말하고 글을 쓰는 것은 분명히 다른 누군가를 향해서 하는 거야. 사람이 누군가를 향해 어떤 사실을 말하는 까닭은 그렇게 하는 게 자기한테 좋다고 여기기 때문이야. 당연한 논리로, 말하는 본인은 자기한테 좋을 거라고 여긴다 하더라도 사실은 나쁜 것일 수도 있어. 이를테면 앞뒤가 맞지 않는 주장을 하거나 사람에 대한 험담을 늘어 놓았다면 그걸 들은 사람은 말한 사람을 두고 생각도 없고 불쾌한 사람이라고 기억할지도 몰라. 자기가 하고 싶은 말을 하는 게 반드시 자기한테 좋다고만 할 수는 없는 거지. 이처럼 해서는 안 될 말을 하는 좋지 않은 언론도 있게 마련이야. 이를 두고 어떻게 언론의 자유라고 할 수 있을까?

자기한테도 타인한테도 좋은 것을 말하기 때문에 언론은 자유로워야 해. 자기한테도 타인한테도 좋은 건 누구한테나 옳은 말이야. 누구한테나 옳은 말을 하는 경우에는 그 말을 할 '내 자유'를 굳이 주장하지 않아도 돼. 곧, 사람은 옳은 말을 할 자유를 가지지, 옳지 않은 말을 할 자유를 갖고 있지 않아. 그래서 그런지 세상에서 보면 누군가 옳지 않은 말을 할 때면 꼭 '언론에는 자유가 있다. 이렇게 말하는 건 내 자유다' 하고 주장하곤 해. 참 재밌지?

하지만 역설적이게도 뭔가를 자유라고 주장하는 순간 그건 자유에서 멀어지게 돼. 이 사실은 분명히 기억해 두자. 더 자세히 설명하면 누군가가 어떤 말을 하면서 "내 자유야!" 하고 다른 사람한테 주장하는 건 사실은 자기가 자유롭지 못하다는 걸 말하고 있는 셈이야. 그가 "내 자유야!" 할 때는 "나는 하고 싶은 걸 할 자유가 있는데도 하고 싶은 걸 할 자유가 없어!"라는 주장을 하는 셈이니 도대체 앞뒤가 맞지 않지.

자기한테 좋은 걸 하고 싶으면 그건 자유가 맞아. 그렇지만 자기가 하고 싶어하는 게 자기한테 나쁜 거라면 그건 자유가 아니야. 왜냐면 자기 스스로 선악을 진지하게 사유해서 판단하는 이라면 자기한테 나쁜 걸 할 까닭이 없기 때문이지. 자기한테 나쁜 걸 굳이 하고 싶어하는 사람은 좋고 나쁜 것을 스스로 판단하지 않고 자기 밖에 있는 뭔가에 그 판단을 떠맡기고 있는 셈이야. 그건 다른 대상(사람이든 법이든)에게 내 자유를 달라고 주장하고 있는 거나 다름 없어. 다른 사람이 줄 수 있는 그런 자유가 어떻게 내 자유일 수 있겠어?

자유는 다른 사람이나 사회에서 구할 수 있는 게 아니라 자기 스스로 '깨달아서 얻는 것'이야. '나는 내가 하고 싶은 걸 하면 돼, 좋은 걸 하든 나쁜 걸 하든 뭘 하든 좋아, 뭘 해도 좋으니까 뭘 할 것인지에 대한 판단은 완전히 나만의 자유지' 하고 깨달을 때 나는 자유로운 거야. 자기 스스로 판단하지 않으면서 '내 자유'라고 할 수는 없어. 자유는 다른 어디에도 없고 오로지 내 정신 안에 있어. 정신 '안에만' 있는 거지.

오늘날 자유주의 사회에 사는 사람들 대부분이 이 사실을 제대로 이해하지 못하고 있어. 사회 제도가 어떻든 정신만 자유롭다면 인간은 완전히 자유로운 존재라는 보편적인 진리를 말이지. "정의롭지 못한 사회에서는 옳은 말을 하면 죽을지도 모르는데, 그래도 옳은 말을 하는 것이 자유인가?” 하고 묻는 사람이 있을지도 모르겠다. 진심 어린 답을 들려 주고 싶어. 그래, 바로 그게 자유야!

자유란 자기가 하고 싶은 것을 하는 거라고 했어. 또 사람은 자기한테 좋은 것을 하고 싶어한다고도 했고. 그런데 정의롭지 못하게 사는 건 자기한테 결코 좋은 일이 아니지. 정신에는 생존보다도 더 소중한 것이 있어. 그것이 바로 자유야. 내가 자유롭게 존재하기!

정의롭지 못한 건 정신의 죽음이야. 정의롭지 못한 생존이 자유가 아니라는 걸 정신은 알아. 물론 그렇다고 해서 정신의 자유를 위해 죽음을 선택하라는 건 아니야. 어떻게 사는 것이 옳은지, 그리고 자유로운 건지는 어렵지만 중요한 문제니까 아무쪼록 천천히 진지하게 사유하도록 하자.

사람들은 흔히 정의롭지 못한 삶을 사느니 정신의 자유를 위해 죽음을 택하는 게 낫다고 오해하고 있어. 생의 건너편에 죽음이 있고 정신은 그게 뭔지 아주 잘 알고 있다고 여기거나, 죽음은 생과 대립하는 어떤 상태라고들 말이지. 하지만 정신은 사람들이 생각하는 것처럼 죽음을 잘 알지 못해. 아니 전혀 몰라. 그게 무서운지 어떤지 전혀 모르면서 무서워하지. 하지만 가만히 생각해 보자. 상대가 누군지 어떻게 생겼는지도 모르는데 어떻게 무서워할 수 있을까?

우리가 사유를 하게 되면 죽음이란 무서워할 게 아니라는 사실을 깨달을 수 있어. 그리고 그 때야말로 비로소 정신은 자유롭지. 사람은 자유를 위해 죽음을 택하는 게 아니라 죽음을 두려워하지 않게 되면서 자유로워지는 거야. 이 사실을 알면 더는 자유를 ‘위해’ 죽는다는 그런 부자유스러운 표현은 하지 않게 될 거야.

자, 정신의 자유가 어떤 건지 확실히는 몰라도 조금은 느낄 수 있겠지. 그래, 정신의 자유란 무엇보다도 우선 '두려움이 없는 상태'야. 두려움이 있는 곳에 자유는 없어. 아마 너희들도 벌써 알고 있을 거야. "하고 싶지만 할 수 없어." 하고 말하는 순간에, 하고 싶은 걸 할 수 없게 만드는 건 본인이 지닌 두려움 말고는 아무것도 없다는 걸 말이지. 말하고 싶은데도 말할 수 없는 건 다른 사람들이 어떻게 생각할지 두려워서이고, 하기 싫은 일을 그만두고 싶지만 그만두지 못하는 건 당장 생활이 힘들어지지 않을까 하는 두려움, 궁극적으로는 곧 죽음에 대한 두려움 때문이지.

사람한테는 죽음에 대한 두려움이 가장 큰 두려움이야. 죽음에 대한 두려움이 인간의 삶을 가장 자유롭지 못하게 만들지. 죽음에 대한 두려움 때문에 사람들의 삶이 얼마나 부자유스러운지 살펴보자. 살지 않으면 안 돼, 먹지 않으면 안 돼, 모두와 어울리지 않으면 안 돼, 이 모든 '~하지 않으면 안 돼'가 사실은 죽음에 대한 두려움에서 비롯된다는 건 너희도 이제 알 거야.

그런데 앞에서도 말했듯이 죽음은 두려워하지 않아도 돼. 아니, 두려워할 수가 없어. 너희가 진지하게 사유하면 반드시 이 사실을 깨닫게 돼. 사유하기 위해 우리에게는 정신이 있는 거야. 정신은 사람들이 사유를 통해 진정 자유로워지기 위해 존재하지.

사람은 저마다 어떤 통념을 갖고 살아 가. 그 통념들, 다시 말해 가치관은 사람마다 다르지. 사람마다 다른, 그렇게 상대적인 가치관을 절대적이라고 굳게 믿기 때문에 자신이 살아 갈 지침으로 삼기도 하는데, 바로 그 지침 때문에 사람들은 오히려 자유롭지 못하게 돼. 내면에 귀를 기울이기보다 자기 밖에 존재하는 가치관에 모든 판단을 맡겨 버리기 때문이야. 이런 의미에서 이슬람 과격주의자나 자유민주주의를 신봉한다는 이들은 사실 서로 닮은꼴이야. '자기 스스로 사유하지 않는' 사람들은 서 있는 자리는 달라도 자유롭지 못하다는 점에서는 똑같아. 사람들의 잘못된 통념이 자신을 자유롭지 못하게 하는 거지. 이 우주에서 자신의 자유를 제한하는 건 단 한 가지밖에 존재하지 않아. 잘못된 통념이 바로 그거야.

자신의 통념에서 벗어나 자유로워지려면 정신으로 사유하면 돼. 죽음이 존재한다는 것도, 자기가 믿는 어떤 신이 절대라는 것도, 사회 제도가 자유를 보장해 준다는 것도 모두 자신을 자유롭지 못하게 하는 통념이야. 사유하지 않으면 이런 것들이 통념이라는 사실조차 모르지. 자유로워지기 위해서는 자기 스스로 사유해야만 돼. '아, 그래. 통념이야말로 내 자유를 제한하는 유일한 것이로구나' 하고 그냥 그렇게 믿고 자기 스스로 사유하지 않는다면, 언제까지고 통념 속에서 자유롭지 못하게 지낼 수밖에 없어.

온갖 통념에서 자신을 해방시킨 정신은 무엇에도 휘둘리지 않는 정신이야. 자유란 정신이 휘둘리지 않는 상태를 말하는 거지. 죽음의 두려움에도 휘둘리지 않고, 어떤 가치관에도 휘둘리지 않고, 휘둘리지 않는다는 사실에도 휘둘리지 않는 거지. 무엇이든 좋아. 무엇을 해도 좋고. 뭐가 어떻게 되어도 좋다고 알고 있는 것. 이게 바로 절대적인 자유의 경지야. 이건 참으로 엄청난 자유지. 죽음이라는 통념에서 해

방된 정신이, 영원히 존재하는 우주로서의 자신을 사유하고 또 사유
하는 모습을 상상해 보자. 너무 어마어마한 자유라는 생각이 들지 않
니? 이런 자유는 어쩌면 너무 두려워 참기 힘들 정도여서, 많은 사람
들이 그저 제멋대로 사는 부자유스러운 일상으로 돌아갈지도 모르겠
구나.

자, 이만큼 철저하게 사유해 온 너희는 이제 완전히 자유로워. 아
니, 모든 사람은 원래 완전히 자유롭지. 자기 스스로 자기를 부자유스
럽게 만들지만 않는다면 말이야. 지금 너희들은 뭘 해도 좋고 또 뭐든
지 가능해. 얼마나 멋진 일이니? 어쩌면 이토록 멋진 자유, 뭘 해도 좋
고 뭐든 할 수 있는 자유로운 삶이 바로 너희 운명일지 몰라. 아니, 이
렇게 운명으로 정해져 있는 건 아닐까?

   너희는 우주가 왜 존재한다고 생각하니? 또 너희는 왜 이 우주에 이런 식으로 존재하는 걸까?

   아마도 너희는 날마다 학교 가서 공부도 하고 놀기도 하고, 즐거운 일이나 괴로운 일을 겪기도 할 거야. 조금씩 차이는 있겠지만 나름대로 사느라고 애를 쓰고 있을 게 분명해. 누구나 그런 식으로 때론 기뻐서 환호하고 때론 괴로움에 시달리면서 살아 가지. 그러다가 모두들 나이가 들어서, 또는 병에 걸리거나 불미스런 사고를 당해 결국에는 죽을 거야. 아니 확실히 '죽지'. 죽음은 존재하지 않지만 사람은 확실히 죽어.

   그런데 너희가 죽어도, 이 대우주는 여전히 '존재해'. '존재하지 않는다' 는 건 존재하지 않기 때문에 그야말로 확실히 존재하지. 그렇다면 이 대우주, 이를테면 은하계나 안드로메다를 비롯해서 생겨났다 사라졌다를 반복하는 수많은 별들 가운데 하필 지구라는 행성에서 태

어나 살다가 죽어 가는 너희들, 그 너희들 삶은 너희 스스로나 우주한
테 도대체 뭐지?

과학은 이 물음에 도저히 답할 수 없어. 우주 여행은 물론이고 심지
어 생명까지도 만들어 내는 전능한 과학이지만 소박하기 그지없는 이
물음에는 결코 답할 수 없지. 왜냐면 과학은 이 우주가 '어떻게' 존재
하는지만 설명할 뿐, '왜' 그렇게 존재하는지는 아예 처음부터 묻지도
않기 때문이야.

하지만 사람들은 누구나, 살다가 죽는 한에는 언젠가는 반드시 이
런 의문을 품게 돼. 멀고도 먼 옛날, 인류가 이 지구상에 존재하기 시
작하면서 '말'을 쓰고 '나'라는 존재를 자각한 뒤로, 사람들은 변함없
이 이 물음을 줄곧 물어 왔어. 너무도 소박하지만 결코 피할 수 없는
인간들의 이 물음에 답해 온 건 바로 종교야. 종교는 과학이 생겨나기
훨씬 오래 전에 생겨났지.

너희는 종교에 대해서는 어떻게 생각하니? 서양의 경우 2천 년을
거슬러 오르는 기독교의 역사가 있고, 최근 세상의 관심을 모으는 이
슬람교도 그 역사가 오래되기는 마찬가지야. 불교도 오래된 종교이긴
하지만 불교에는 기독교나 이슬람교처럼 강한 신앙을 지닌 사람이 별
로 없어. 불교는 원래 기독교나 이슬람교처럼 유일신을 믿는 종교가
아니기 때문이야.

너희는 유일신, 다시 말해 단 하나의 신이 있어서 그 신이 이 우주
를 이런 모습으로 만들었다고 생각하니? 또 너희의 삶, 이 우주에서
살다가 죽는 것, 삶의 기쁨이나 고통이 지닌 의미도 오로지 그 신이
내려 준 거라고 생각해?

별 다른 의심 없이 그렇게 굳게 믿는다면, 그건 신앙이야. 기독교나 이슬람교 신자는 그런 식으로 유일신 신앙을 갖고 있지. 그런데 만약에 그 믿음이 사람들이 단지 그렇게 '생각하는 것'에 지나지 않고, '실제로'는 신이 존재하지 않는다고 해 보자. 게다가 우주는 과학이 설명하듯이 물질이 모였다가 흩어지는 현상에서 만들어진 어떤 물체에 지나지 않고, 인간의 삶은 물론, 살면서 겪는 즐거움이나 괴로움도 죽으면 그걸로 끝이라면 어떨까?

그렇다면 불치의 병에 걸리거나 이유도 알 수 없는 불행으로 즐거운 일 하나 없이 살다가 끝내 비참하게 죽는다면 도대체 왜 그런 고통을 겪어야만 하는 걸까? 뭘 위한 고통일까? 만약 고통받기 위해 태어난 거라면 그 고통은 무엇으로 언제 보상받을 수 있을까? 사람들은 흔히 고통스럽거나 힘들면 별 생각 없이 '하느님, 도와 주세요!' 하고 외치고 싶어지지. 하지만 아무리 외쳐도 그 사람 혼자 그렇게 외치는 것일 뿐, 그 외침을 들어 줄 하느님 같은 존재가 이 우주에 없다면? 물론 하느님의 존재를 믿으면 고통을 이겨 낼 수 있는 힘을 얻을 수 있기 때문에 그렇게 믿고 살기도 해. 내가 겪는 삶의 고통을 하느님이 줄곧 지켜보다가 천국이나 내세에서 보상해 준다고 믿으면 이 고통이 결코 쓸모 없는 게 아니라고 여길 수 있기 때문이지. 그렇다 해도 그건 역시 그 사람이 그렇게 여기는 것일 뿐이고 '실제로'는 천국도, 내세도 존재하지 않는다면?

'신을 믿는다'는 건 도대체 뭘 말하는 걸까? 어떤 사람이 '나는 신의 존재를 믿는다'고 할 때, '실제로' 신은 존재할까, 존재하지 않을까? 그 사람이나 다른 사람의 믿음과는 상관없이 신은 '사실로서' 존재할까?

물질의 존재에 대해서는 누구나 의심하지 않고 사실로 인정해. 물질의 존재는 눈으로 볼 수 있고 실험이나 관찰로 증명될 수 있기 때문에 아무도 이의를 달지 않아. 하지만 신은 눈에 보이는 물질이 아니지. 실험이나 관찰도 불가능해서 그 존재를 증명할 도리가 없어. 그래서 신의 존재는 사람에 따라 믿기도 하고 믿지 않기도 해. 또 어떤 사람은 믿고 싶지만 믿을 수 없다고도 하지. 눈에 보이는 것 말고는 존재하지 않는다고 생각하는 사람이나, 너무 고통스러운 나머지 신이 있다면 그런 고통을 주지는 않을 텐데 하고 생각하는 사람의 경우엔 말이야.

그런데 어떤 경우든 신의 존재라는 것이 누구는 믿고 누구는 믿지 않는 그런 정도에 지나지 않는다면, 그런 신은 역시 존재하지 않는 것이 아닐까? 따라서 신을 ‘믿는다’ 는 건 존재하지 않는 걸 존재한다고 스스로 무리해서 신념화하기 위해 인간들이 자기 마음대로 만든 게 아닐까?

인류의 역사, 특히 서양이 걸어 온 정신의 역사는 어떤 의미에서는 신의 존재를 둘러싼 회의와 믿음의 역사라 할 수 있어. 신의 존재라는 것이 우리가 믿을지 말지 결정할 뭔가에 ‘지나지 않는’ 것이라고 생각할 사람도 있을지 모르지만, 결코 그렇게 간단히 넘어갈 문제는 아니야. 신의 존재에 관한 이 물음 역시 두려울 정도로 중요한 문제니까. 신의 존재로 말미암아 삶이 의미 있고 민족이나 국가도 지켜지는 거라면 당연히 내가 믿는 신이 존재하는지 어떤지는 목숨을 걸고 물을 만한 문제겠지? 신을 믿는 자와 믿지 않는 자 사이에, 또 서로 다른 신을 믿는 자들 사이에 싸움이나 죽임이 끊이지 않는 이유도 바로 그 때문이야.

근대에 접어들어 자연과학적 발견이 활발해지고 현대에 이르러 여러 가지 새로운 사실이 드러나면서 사람들은 우주는 물질에 지나지 않고 물질 말고 다른 것은 존재하지 않는다고 생각하게 되었어. 그러면서 종교의 힘은 눈에 띄게 약해졌지. 하물며 유일신이 우주 바깥 어딘가에서 만물을 만들어 냈다는 이야기는 만화처럼 지어낸 이야기 정도로 생각하게 되었어. 하지만 아무리 만화라고 해도 사람들은 삶의 고통이나 죽음의 두려움과 맞닥뜨리면 신에게 도움을 청하게 마련이야. "하느님, 제발 도와 주세요. 하느님 어디 계십니까?" 하고 말이지.

현대에 들어와서는 그렇게 약해진 사람들의 마음에 편승해서 이상한 종교들이 생겨나기도 했어. 그런 종교들은 하나같이 '믿기만 하면' 구원받는다고 유혹을 하지. 믿으면 천국이나 다음 세상에서 '구원받고' 틀림없이 편안한 삶을 누릴 수 있을 거라며 많은 돈을 내라고 하거나 이상한 수행을 강요하기도 해.

그런데 이상하지 않니? 천국이나 내세처럼 죽은 뒤를 말하는 이들은 지금 여기에 사는 인간들이야. 산 사람이 죽은 뒤를 말하다니…. 뭔가 맞지 않아. 산 사람은 살아 있기 때문에 죽은 뒤에 일어나는 일을 말할 수 없는데 말이지. 그들이 말하는 내세는 어디까지나 살아 있는 그들이 그렇게 '생각하는' 죽은 뒤의 일이야. 그것이 정말인지 어떤지는 누구나 살아 있는 한에는 아무도 몰라. 모르기 때문에 또 스스로 믿음이 부족하다는 생각에 사람들은 불안한 마음을 돈을 내고서라도 채워 보려고 하지. 그런데 그렇다고 믿으면, 천국과 내세의 평안한 삶이 보장된다는 걸 틀림없는 사실로 믿을 수 있다면 왜 돈을 바치고 해괴한 수행을 하지? 또 만약에 천국이나 내세가 사실이 아닐지도 모른다면 그것을 믿는다고 어떻게 구원 같은 게 가능할까?

사람들이 무엇을 무턱대고 믿는 것은 사유를 하지 않기 때문이야. 철저하게 사유하지 않으므로 막무가내로 믿기만 하지. 맹신에 빠지게 되는 거야. 죽고 나서 어떻게 될지 걱정하기 전에 먼저 죽음이 무엇인지 사유하고, 신의 존재를 말하기 전에 과연 무엇을 두고서 신의 이름으로 부르고 있는지 사유해야 해. 진실로 신의 존재를 알고 싶다면 그렇게 해야 하지 않을까?

막무가내로 믿기 전에 사유를 하고, 그래서 죽음은 사실상 존재하지 않는다는 사실을 깨달으면, 죽음 뒤에 내가 어떤 모습으로 또 어떻게 존재할지 같은 건 전혀 문제될 게 없어. 그렇게 죽음에 대한 두려움이 없어지면 자신을 구원해 줄 신을 바라는 마음도 없어지지 않을까? 자신을 구원해 줄 신을 바라지 않으면 그 다음에는 사람들은 그야말로 자연스럽게 이렇게 묻기 시작할 거야. ‘신이 없는데도 나는, 우주는, 삼라만상은 왜, 어떻게 존재하는 걸까?’ 하고. 그러다 사람들은 자기 자신이 묻는 바로 이 물음의 답에 굳이 이름을 붙인다면 ‘신’ 이라는 이름을 붙여야만 하지 않을까 하는 생각에 이르게 돼.

이렇게 보면 ‘신’ 은 민족이나 종교에 따라 다르지 않고, 믿느냐 마느냐 하는 그런 문제와도 전혀 상관없는 거야. 왜냐면 앞에서 말한 ‘신’ 은 다름 아닌 바로 나 자신이나 우주 ‘존재’ 그 자체이기 때문이지. ‘존재’ 는 믿어야 하는 것이 아니라 인정하는 거야. 그걸 사실로 인정하는 거지. ‘있다’ 는 ‘있다’ 여서 ‘없다’ 가 아니라는 사실을 인정하지 않을 사람이 있을까?

　너무 당연해서 어려울려나? 왠지 뒤엉킨 수수께끼 같기도 하지? 그럴 수밖에 없어. 그냥 '있는 것', 그것이야말로 궁극적인 수수께끼니까. '있다'는 것의 불가사의함, 하느님이라고 해도 당신이 '있는' 한에는 왜 있는지 몰라. 왜 신이 '있고', 왜 내가 '있고' 왜 우주가 '있는' 지 답은 없어. 어째서 그럴까? 참으로 이상한 거라는 생각이 들지 않니?

　부처나 예수 그리고 옛날 선각자들은 이 불가사의의 정체를 꿰뚫어 보았어. 하지만 결코 답을 내놓지는 않았지. 그들이 뭔가 답을 내놨다고 생각하고 그걸 믿으면, 그게 이른바 종교가 되는 거야. 교단을 만들고, 교리를 만들고, 또 누군가는 권력자가 되어서 서로 싸우기도 하지. 하지만 불가사의를 푸는 답은 아직 없다는 걸 사람들이 제대로 인식한다면 그렇게 되지는 않을 거야.

　앞날을 열어 갈 너희는 낡은 종교들이 보인 그런 과오를 확실히 깨닫고 올바르게 사유해서 새로운 의식을 다듬어 가면 좋겠어. 나만의 바람일지 몰라도… .

"어차피 죽을 목숨이니 산다는 건 참 덧없는 일이야." 하는 식으로 말하는 건 과연 옳을까?

이를테면 너희들은 앞으로 상급 학교에도 가고, 취직해서 돈을 벌고, 결혼을 해서 자식을 키우며 살아 갈 텐데, 언젠가는 죽을 테니까 그 모든 일들이 아무 의미가 없다고 말하는 게 옳은 일일까?

또, '어차피 죽을 테니 지금 하고 싶은 걸 해야지' 하는 생각은 어떨까? 이 생각 또한 지금 하고 싶은 것을 하고 있으면 삶이 지닌 근원적인 허무함을 조금은 달랠 수 있다는 자위에 불과하지 않을까?

'어차피 죽을 텐데 열심히 살면 뭐 해' 나 '어차피 죽을 텐데 하고 싶은 거나 실컷 하자' 같은 생각은 어쨌든 '죽으면' 모든 것이 무(無)로 돌아가는데, 살아 있을 때의 노력이나 고생, 애써 쌓은 모든 것들이 무로 돌아가니까 삶은 참 부질없다는 생각에서 비롯된 거야. 하지만 곰곰이 사유해 보면 이런 생각 자체가 성립할 수 없다는 걸 깨달을 수 있어. '죽으면' 모든 것이 무로 돌아가니까 삶이 부질없고 허무하기만 하다는데, 그 말을 그대로 받아들인다면, 죽으면 모든 것이 무로 돌아가니까 허무하다고 한탄하는 '그 사람'도 무로 돌아가고 없을 테고 그러면 '없는' 내가 한탄할 수는 없겠지. 그리고 '없는' 나는 '없기' 때문에 살아 있는 나와는 관계가 없지. 그러니 살아 있는 내가 죽는다는 이유로 삶의 노력이나 고생을 허무하다고 말할 수는 없는 거지. 게다가 '죽으면 모든 것이 무로 돌아간다'는 맨 처음 전제를 의심하지 않는 걸 보면 이 사유 방식이 철저하지 못하다는 걸 알 수 있어.

여기까지 함께 사유해 온 사람이라면 이번에는 무슨 이야기를 하려는지 벌써 뭔가 느낌이 올 거야. 그래, 바로 너희들이 짐작한 그 문제야. '죽음'이란 과연 모든 것이 무로 돌아가는 걸 뜻하는 건지 바로 이 점을 살펴보려고 해. 무는 '없는 것'이기 때문에 죽음은 '없다', 따라서 죽음을 전제로 하고 사는 건 불가능하다는 게 진실이야.

이 진실을 깨닫게 되면 사람들은 자기가 생각해 온 시간이라는 것, 그 '시간'의 존재 방식이 완전히 달라지는 것도 깨닫게 되지. 먼저 죽음은 없는 거니까 삶이라는 시간이 종점인 죽음을 향해 직선으로 앞으로만 흘러 가지는 않아. 세상 사람들은 거의 대부분 시간은 앞으로 흐른다는 잘못된 통념을 갖고서 살고 있어. 그러다 보니 미리 뭔가를 정하거나 계획해서 바쁘다든지 시간이 없다는 불평을 늘어 놓는데, 그건 모두 자기가 그렇게 생각하고 있는 통념에 지나지 않아. 시간이란 본래 지나가는 것이 아니야. 과거에서 미래로 흐르지 않고 그냥 '지금'이 있을 뿐이야. 과거를 한탄하거나 미래에 대한 두려움으로 불안해하는 것도 지금의 나 말고는 없으니까 말이야.

'지금'이 있을 뿐, '지금' 말고는 없으니까 '지금 하고 싶은 거나 실 컷 해야지'는 그런 의미로 보면 옳은 생각이야. 하지만 '어차피 죽기' 때문에 '지금 하고 싶은 걸 하자'는 아니지. 물론 사람은 누구나 죽지 만 사실은 죽음은 없는 거라서, 과거를 후회하며 한숨짓거나 앞날을 두려워하지 않고 지금 하고 싶은 것을 하면 되는 거야. 정말 멋지지 않니? 삶을 부질없어하는 건 그릇된 사실을 전제로 한 그릇된 사유의 결과일 뿐이야.

물론 그게 그릇된 사유라고 하지만 다른 사람의 그릇된 사유를 바 로잡기는 힘들어. 틀렸다고 깨닫는 건 자기자신 말고는 할 수 없을 뿐 더러, 깨달음을 위해 사유하는 것도 어디까지나 자신만이 할 수 있기 때문이야. 누군가가 나를 대신해 사유하고 깨달았다 해도, 내가 깨달 은 게 될 수는 없지. 이건 참 어쩔 수 없는 일이야. 이런 의미에서 인생 은 엄격하기 짝이 없어. 그리고 누군가 그릇된 사유를 한다면 그것 역 시 자기가 그렇게 하고 싶어서 하는 것일 거야. 삶이 너무 부질없고 허무하다는 생각은 노력하고 고생하기보다는 응석을 부리고 싶어서 인지도 몰라. 또 어차피 죽을 텐데 하고 싶은 거나 실컷 하자는 생각 은 자포자기 끝에 나쁜 짓이나 하려고 핑계를 대는 건지도 모르지. 어 쨌든 그런 잘못된 사고방식으로 살다가, 그릇된 생각이 가져다 주는 고통으로 도저히 견디기 힘들어 자기 스스로 오류를 깨닫게 될 때까 지는 다른 사람이 어떻게 개입할 도리가 없어. 그러니까 너희들은 다 른 사람의 오류를 고치려 들기보다 곧바로 자신의 삶을 제대로 살기 만 하면 돼.

　현대 사회는 종교의 힘은 약해지고, 신의 존재를 그냥 막무가내로 믿을 수 없는 시대가 되어 버렸어. 그러다 보니 사람들은 신이 존재하지 않는 이 우주에서 삶의 의미나 존재 이유를 찾아 고민하고 있어. 우리는 여기서 한 걸음 더 나아가 왜 인간은 삶의 의미나 이유를 찾으려 하는지 사유해 보자. 의미나 이유를 찾아 고민한다는 건 분명히 뭔가 의미나 이유가 있다고 생각해서가 아닐까? 왜 그렇게 생각할까? 삶에는 뭔가 의미가 있고 이유가 있다고 생각하는 그것도 그릇된 통념이지 않을까?

　신이 이 우주를 만들지 않았다면, 도대체 어떻게 생겨난 걸까? 현대 과학은 빅뱅 때문에 물질인 우주가 생겨났다고 설명하고 있어. '어떻게 해서' 빅뱅이 일어났는지는 계산 과정이 복잡하지만 설명할 수 있지. 하지만 왜 '빅뱅'이 그렇게 일어났는지, 그 이유가 뭔지에 대해서 과학은 설명할 수 없어. 빅뱅을 일으킨 무엇, 신 같은 존재가 있지 않다면 도대체 우주는 어떻게 존재하게 된 걸까? 만약에 우주가 존재하는 의미나 이유를 부여하는 신과 같은 뭔가가 존재하지 않는다면, 우주가 존재하는 의미나 이유가 있을 수 있을까?

　사람들은 물질인 우주나 수많은 별들이 생성과 소멸을 영원토록 거듭한다는 사실을 두고 굳이 의미나 이유가 있다고 생각지 않아. 그렇다면 지구라고 하는 이 혹성이 이렇게 존재하는 것이나, 또 태어나고 죽기를 끊임없이 되풀이하는 인간의 삶에도 별 의미나 목적 같은 것은 없다고 할 수 있겠지. 우주가 그냥 그렇게 있는 것처럼 인간의 삶도 그냥 그렇게 있을 따름인 건 아닐까? 그런데 사람들은 우주가 존재하는 의미나 이유는 없어도 자신들의 삶은 분명 뭔가 의미나 이유가 있다고 생각해. 큰 고통이나 죽음의 두려움 같은 것과 맞닥뜨릴 때마다 의미나 이유를 찾는 걸 보면 그 점은 분명하지. 삶이란 게 별 의미도 이유도 없고, 그냥 그렇게 있는 것에 지나지 않는다면 뭔가 곤란해지지. 살면서 겪는 고통도 특별한 이유나 의미가 있을 리 없으니, 그 고통은 더욱 납득할 수 없는 것이 되기 때문이야.

방금 '살면서 겪는 고통을 납득할 수 없다'는 말을 했는데, 우주가 존재한다는 것만큼 세상에 납득할 수 없는 게 있을까? '왜' 존재하는지 알 수 없는 우주가 '그냥' 존재한다는 이 사실보다 더 납득할 수 없는 것이 있을까? 신이 만들지도 않은 이 우주가, 그럼에도 엄연히 존재하고 있다는 이 사실만큼 터무니없고, 엄청나고, 이해할 수 없는 게 과연 있을까?

우주가 존재한다는 건 기적이지. 존재가 존재한다고 하는 이것 자체가 그저 놀라운 기적이야. 존재가 존재하는 데는 아무런 의미도 이유도 없어, '그래서' 기적이야.

내가 존재한다, 이것도 기적이지. 삶이 존재한다, 이것도 기적이고. 이유는 알 수 없지만 내가 이 삶을 살고 있다는 것, 얼마나 불가사의하니! 설마 여기서 '부모가 나를 낳아서 여기에 존재한다'는 식의 대답으로 이 불가사의를 납득시키려고 하지는 않겠지. 물론 나를 낳아 준 부모님이 존재한다는 것도 역시 기적이고 말고.

삶이 존재한다는 것 자체가 기적이기 때문에 살면서 겪는 고통도 기적이야. 왜 존재하는지 알 수 없지만 무슨 까닭에선지 존재하는 이 신비로움, 이처럼 존재에 대한 경외감을 잃어버리지만 않는다면 고통의 의미나 이유를 찾아 고민하는 일도, 사는 게 허무하다는 생각도 하지 않게 될 거야. 누구도 그 연유를 알지는 못하지만 아무튼 우주는 이처럼 존재하고, 별들은 영원토록 태어나고 사라지기를 반복하고 있다는 이 기적적인 사건이 허무할 까닭은 없잖아!

너희들도 살다 보면 고통스러운 일과 부딪히기도 하고 죽음의 두려움에 시달리기도 할 거야. 그럴 때면 잠시 공기 맑은 곳으로 나가 봐. 그리고는 별이 가득한 하늘을 한번 올려다 봐. 아마 두려울 정도로 신비한 느낌과 묘한 그리움이 몰려올 거야. 그리고 왜 고통이나 죽음이 있을까 하는 물음 대신에 왜 이런 내가 있고 이 삶이 있을까 하는 물음이 다가오는 걸 깨달을 수 있을 거야. 삶에서 겪는 고통조차도 기적이라는 걸 이해하고 나면, 어느새 고통이 사라지고 만다는 사실도 깨닫게 될 거야. 우주는 존재한다. 존재하지 않는 것이 아니라 존재한다. 자, 그런데 어떻게 내가 존재하지 않게 되는 일이 있을 수 있을까? 우주가 이처럼 그냥 존재하는데 말이야.

그렇다면 우리는 그 동안 무엇을 나라고 굳게 믿고 있었던 걸까? 풀리지 않는 불가사의한 느낌은 거듭되는 물음으로 끝도 없이 깊어져 갈 거야. 우주가 존재하고 또 내가 존재하는 이 엄청난 불가사의한 느낌, 기적 같은 이 느낌은 경건한 신앙심을 가진 이가 하느님에게 바치는 기도와 아주 닮았어. 그렇게 나를 초월한 존재나 힘과 내 마음이 온전히 만날 때 비로소 사람은 놀라움과 동시에 깊은 외경심을 갖게 되지. 그리고 삶에서 겪는 고통도 신이 주신 거라고 자연스럽게 받아들일 수 있게 되는 거야. 이런 믿음은 참 아름답지. 이런 믿음은 사유하는 정신이 사유하고 사유하고 또 사유해서 깨달은 것과도 같아.

과거나 미래에 구애됨 없이 자유로운 정신을 가진 너희들은 지금 뭘 해도 좋아. 뭐든 할 수 있어. 그런 의미에서 너희들은 완전히 자유야. 만약에 너희들의 자유를 제한하는 듯이 여겨지는 사회나 규칙이나 '신', 그 무엇도 존재하지 않는다면, 그렇다면 자, 너희들은 지금 뭘 할 거니?

지금 진정으로 하고 싶은 것을 하면 돼. 야구를 해도 되고, 그림을 그리거나 또 누군가와 사랑을 해도 좋아. 만약 하고 싶은 게 아무것도 떠오르지 않는다면 그냥 아무것도 하지 않아도 돼. 아무것도 하지 않는 바로 그것이 지금 하고 싶은 거니까.

자, 너희들은 자신이 하고 싶은 걸 무엇이든 할 수 있어. 그런데 '왜' 유독 그걸 하고 싶어할까? 완전히 자유롭고 다른 무엇을 해도 좋은데 '왜' 무한한 가능성 가운데 단 하나인 그걸 하고 싶어하는 걸까? 너희들은 당연히 자기 스스로 자유롭게 그것을 선택했다고 생각하겠지만, 그 선택은 너희들이 선택하기 전에 이미 정해져 있었던 건 아닐까? 운명이라는 걸로 말이야. 만약 그렇다면 인간의 삶은 사실은 '자유'라기보다 모든 게 이미 정해져 있는 운명 그 이상도 이하도 아니지 않을까?

하지만 너희들은 이렇게 묻고 싶을 거야. "정해졌다는데 도대체 누가 정했다는 거예요?" 우주 밖에서 삶의 의미나 이유를 제공하는 신과 같은 절대자도 존재하지 않는다면 도대체 누가 운명을 정하냐는 말이지.

그런데 전지전능한 절대자는 없어도 운명은 있다고 사유할 수 있어. 이유는 알 수 없지만 어떤 일정한 법칙을 가지고 움직이는 별들처럼 인간의 삶도 인간은 모르는 어떤 방식으로, 그렇게 살도록 운명으로 정해져 있다고 말이야. 이렇게 말하면 "천체의 운행은 물질의 법칙에 따라 움직이지만, 인간에게는 자유의지라는 게 있잖아요." 하고 말하고 싶겠지. 그래, 그런데 바로 그 자유의지가 과연 진짜로 자유의지인지 아닌지가 문제의 핵심이야. 어쩌면 내가 자유라고 생각하고 있을 뿐 실제로는 운명일지도 모른다는 의문을 품을 수도 있지 않을까?

아주 먼 옛날부터 인간은 너무도 어려운 이 문제, '운명인가 자유인가'를 푸느라 골머리를 앓았어. 운명인지 자유인지, 어느 쪽으로 사유하느냐에 따라 삶을 대하는 마음이 완전히 달라지기 때문이야. 대체로 운명론자는 자포자기하는 유형 같고, 자유의지론자는 씩씩한 유형이 많은 듯해. 이미 다 정해졌으니 어쩔 도리가 없다고 포기할 것인지, 나 스스로 정할 수 있다고 주먹을 불끈 쥘 지 갈림길에 선 것처럼.

그런데 여기서 운명론자든 자유의지론자든 양쪽이 똑같이 의심하지 않는 어떤 전제를 새삼 의심해 보면서 사유해 보자. 우선 운명과 자유는 서로 대립하는 걸까? 어느 쪽으로 사유하느냐가 그야말로 그 사람의 자유, 다시 말해 무엇을 좋아하느냐에 달려 있는 문제라면 그 사람은 왜 어느 한쪽을 좋아하는 걸까? 이 당연한 불가사의에 대해서 부터 사유해 보자.

너희들은 살면서 '나는 어째서 이렇게밖에 할 수 없지?' 하고 느낀 적 없니? 성격이나 취향, 어떤 느낌까지 포함해서 그런 경험은 누구나 한두 번은 있을 거야. 가령 '누가 뭐래도 난 ~가 좋아. 아무리 마음을 바꿔 보려 해도 ~는 싫어' 하는 그런 느낌이 들었던 경험 말이야. 물론 부모님의 영향일지도 모르겠지만, 그와는 뭔가 다른 듯한, 문득 정신 차리고 보니 그렇게 느끼고 있는, 느낄 수밖에 없는 나로구나 하는 생각이 든 적 없니? 혹시 기억하고 있니? 앞에서 내가 나로 존재하는 원래의 나는 사실은 누구도 아닌 것이었지. 어떤 특정한 누구가 아닌 데, 내가 현실에서는 김하늘이라는 이름으로 나만의 특정한 성격이나 취향을 가진 사람으로 되어 있어. 이건 도대체 어떻게 받아들여야 하 는 걸까?

만약에 내 뜻대로 이 세상에 태어난 게 아니라면, 인생이 자유로운 것일 리 없겠지. 원래는 태어나고 싶지 않았을지도 모르는데 죽을 때 까지 살아야 하니까. 만약 그렇다면 살아 있다는 것 자체가 부자유인 셈이지. 하지만 찬찬히 다시 한번 생각해 보자. 나는 원래 그 누구도 아니었으니까 완전히 자유로운 상태였어. 내 의지로 태어나지 않을 수도 있었고, 다른 부모한테서 태어날 수도 있었을 거야. 그럼에도 지 금 이렇게 현재의 부모님인 특정한 누군가한테서 태어났어. 이건 내

비를 '맞듯' 운명을 맞는다.

자유의지로 선택한 것 아닐까? 그렇다면 나도 너희들도, 또 누구나 지금의 부모님한테서 태어나기로 자기 스스로 자유의지로 정한 건 아닐까?

물론 자신의 의지로 지금 이렇게 태어나야지 하고 결정한 기억을 지닌 사람은 아무도 없어. 하지만 더듬어 보면 내가 원해서 결정해 놓고도 뭐가 잘 풀리지 않거나 제대로 되지 않으면 내가 원했다는 사실은 깡그리 잊고 다른 사람 탓을 한 기억들이 있을 거야. 자기가 원해서 피아노를 시작했으면서도 싫증이 나면, 어렵다거나 선생님이 잘 가르치지 않는다는 핑계를 대고 빠지려 들기도 하지. 마찬가지로 이 세상에 이렇게 태어난 것도 실제로는 자기 의지대로 한 것이면서 그 사실을 잊고 있을 뿐이라고 사유할 수 있지 않을까? 자신의 결정을 잊은 채 '난 좋아서 태어난 게 아냐. 운명이라 도리가 없을 뿐이야' 하면서 자신의 삶에서 달아나려고 하면서 말이야.

당연히 현대 과학은 이런 식의 사유 방식을 인정하지 않아. 과학은 인간이라는 생명은 정자와 난자의 결합으로 만들어지는 것으로 규정하고, 태어나고 한참 지나서야 '나'라는 의식이 생기며 자유의지라는 것도 그 뒤에 길러진다고 보기 때문이야. 과학적으로 사유하는 데 공감하고 하느님이나 절대적인 존재를 믿지 않는 사람은 인간의 운명이 그렇게 누군가에 의해 정해져 있다고 생각하지 않아.

이런 사고방식은 얼핏 인간의 자유를 존중하는 듯하지. 그러나 뒤집어 생각해 보면, 이런 과학적인 사유야말로 완전한 운명론이야. 사람의 성격이나 능력, 생김새, 심지어 능력이나 질병까지도 부모의 유전자에 따라 결정된다니, 이것이야말로 처음부터 정해져 있어서 어쩔 도리가 없다는 말이나 마찬가지 아니야? 만약 그렇게 유전자로 모든 게 결정된다면 인간의 자유의지가 존재할 여지는 있기나 한 걸까?

너희들의 인생이나 너희들이 한 선택 모두가 너희들의 유전자로 말미암아 결정된다고 가정해 보자. 그렇다면 이번에는 너희들의 유전자는 '왜' 그 유전자로 결정된 걸까 하는 의문이 생기지. 과연 '누가', 또는 '무엇' 이 그렇게 정했을까?

원점인 수수께끼로 다시 돌아가 보자. 너희들이 너희들로 존재하는 원래의 너희들은 누구도 아니야. 아무것도 아니지. 아무것도 아니기 때문에 완전한 자유야. 완전히 자유로운 존재인 너희들은 그 자유의지로 이 세상에 이런 몸을 가지고 태어나기로 스스로 결정했어. '지금 여기' 를 선택한 거지. 어떤 특정한 DNA를 가지고 태어날 것을 선택한 셈이야. 운명으로 정해져 있는 유전자는 너희들이 너희들의 자유로 선택한 거지. 그렇다면 자, 운명과 자유가 서로 대립하고 있다고, 또 다르다고 할 수 없지 않을까? 오히려 운명과 자유는 완전히 같은 것이고, 자기 운명은 자기 자신의 자유의지로 만들었다는 사실을 짐작할 수 있겠지?

이 책 첫 장에서 '생각한다' 는 것의 불가사의함에 대해 말했어. 사람은 무엇이든 '생각할' 수 있어. 이건 참으로 불가사의한 거야. 어떻게 생각하느냐가 바로 자유의 출발점이지. 삶을 시시한 거라고 생각하면 시시한 것이 되고, 멋진 거라고 생각하면 멋진 것이 돼. 무엇이든 생각한 대로 된다고. 삶은 자기가 어떻게 생각했는지에 따라 그 생각대로의 모습으로 어느 새 만들어져 있어. 사람은 생각을 할 수 있기 때문에 자신의 운명을 자유롭게 창조할 수 있어. 얼마나 멋있고, 또 얼마나 냉혹한 일이니?

　삶이 존재하는 데는 아무 의미도 이유도 없다고 했어. 그냥 존재할 뿐으로 그것이 바로 기적이라고. 하지만 사람이라는 존재가 육체를 가지고 현실 속에서 이런 삶을 살아 가는 한 온갖 사건과 만나기 마련이고, 그럴 때마다 나름의 선택을 강요당하지. 가깝게는 학교를 갈지 말지, 극단적인 예로는 누군가를 죽일지 말지 선택해야 하는 것처럼, 곰곰이 생각해 보면 순간순간 자신의 자유로 선택해야 하고, 언제나 하고 있어. 그럴 때 사람들은 무엇을 기준으로 선택할까? 자유를 제한하는 사회나 규칙, '신'이 존재하지 않는다면 무엇을 기준으로 자신의 행위를 선택해야 할까?

　이 물음에 대한 답은, '나의 선택' 말고 다른 기준은 없다는 거야. 하고 싶은 걸 하고, 하고 싶지 않은 걸 하지 않을 뿐이지. 좋은 걸 하면 좋은 것이 되고, 나쁜 걸 하면 나쁜 것이 돼. 모든 것이 생각한 대로 되지. 그렇다면 기준은 아주 또렷해져. 좋고 나쁨을 판단하는 기준, 가치의 기준은 역시나 저마다의 마음속에 분명히 존재하고 있는 셈이야. 그러고 보면 우리 모두가 이런 삶을 살아 갈 가치도 분명히 존재한다는 느낌이 드네.

　어떤 까닭에서인지 몰라도 우리가 살고 있는 이 우주는 이렇게 만들어져 있어. 하늘이 친 그물은 성긴 듯하지만 흘려 보내는 것이 없다(天網恢恢疎而不失), 노자의 도덕경에 나오는 이 말을 삶의 좌우명으로 잘 기억해 두자. 하늘이 친 그물은 아주 성겨서 보기엔 그물 구실도 못할 듯이 엉성해 보이지만 나쁜 짓은 반드시 그냥 흘려 보내지 않는다는 뜻이야. 다시 말하면 나쁜 일을 하면 반드시 하늘이 벌을 내린다는 말이지. 물론 하늘이 벌을 내린다 할 때 그 하늘은 자기 내면에 품은, 선악을 판단하는 자기 힘이야. 자기가 저지른 나쁜 짓은 자기를 위해 반드시 벌을 내리는 거지. 죄를 지으면 반드시 그 대가를 받는다는 뜻의 인과응보라는 말도 있어. 왜, 뭘 위해 자신에게 벌을 주냐고? 다 자신을 위해서야. 지금보다 더 나빠지지 않도록 깨닫고 배워야 하기 때문이지. 악을 범하지 않고 선을 행하고, 지금보다 더 성장하기 위해 배우는 것이야말로 우리들이 살아 가는 진정한 의미인지도 몰라. 왜 이렇게 존재하는지 의미나 이유도 없이 그냥 이렇게 존재한다는 수수께끼의 답이 여기 있는 건지도 모르지.

사람은 생각을 하기 때문에 뭐든 자기가 생각한 대로 할 수 있어. 이 삶이, 또 살면서 겪는 고통이 아무런 의미가 없는 거라고 생각하면 의미 없는 것이 되고, 의미가 있다고 생각하면 의미 있는 것이 되지. 하늘은, 이 우주는 어떻게 이처럼 공정하고 평등할까!

'좀 나쁜 짓을 해도 내가 살아 있는 동안 벌 받지 않으면 그걸로 괜찮아' 하는 식의 어리석은 사유를 하는 사람은 이제 없을 거야. 삶이란 게 지금 너희들이 살고 있다고 생각하는 그 삶만 있을지 아니면 또 다른 뭔가가 있을지, 이 생을 마감하기 전에 단 한 번이라도 철저하게 사유해 두기 바래. 또 누구한테 배운 적도 없는데 나는 왜 지금 같은 성격과 취향을 갖게 된 건지도 이해할 수 있을 때까지 꼭 사유해 보기를! 그렇게 사유를 거듭한 덕분에 아무래도 이 삶만 있지 않은 듯한 생각이 들면, 그런 생각이 든 너희들은 이전과는 비교할 수 없을 정도로 넓고 깊은 눈으로 삶을 보게 될 테고, 또 내 삶은 오로지 이번 생이 처음이자 마지막이다 생각하면 한 번뿐인 이 삶을 잘 살아야지 하고 마음먹게 될 테니까. 어떤 식으로 사유하고, 어떤 식으로 살지는 어디까지나 너희들의 자유야. 사람은 자기 스스로 자유롭게 운명을 창조하면서 자신의 삶을 살아 가는 거지.

삶이란, 이 우주에 존재한다는 지극히 당연한 사실을 잊지 않고 사유해 가는 과정 그 자체라고 할 수 있어. 그렇게 사유하면 할수록 '어떻게 해서 나는 지금 여기에 있는 걸까?' 사뭇 놀라운 것투성이일 거야. 그러다 기적이라는 말조차도 무색해지면 더 깊은 궁극의 불가사의를 찾아 나서고 싶어질 테고.

여기까지 이 책을 읽어 왔구나. '사유한다'는 게 도대체 뭔지 사유하는 것에서, 추상적인 것과 구체적인 것까지, 이 세상에 존재하는 것과 존재하지 않는 것까지 사유해 보았지.

그런데 여기까지 이 책을 읽어 온 너희들이 책에서 사유한 내용들을 얼마나 알았을지 몹시 궁금하구나. 아주 확실히 알겠다는 사람이나 전혀 모르겠다는 사람은 그리 많지 않을 듯해. 대개는 뭔가 알 듯하지만 그렇다고 아주 분명히 아는 건 아니라는 그런 정도가 아닐까?

그런데 여기서 '안다'라는 건 과연 뭘 말하는 걸까? 사람들은 별 생각 없이 안다, 모른다는 말을 자주 쓰지만 '안다'라는 말이 정말 어떤 의미인지 아는 이는 드물지. 만약에 이처럼 '안다'는 게 뭔지 확실히 모른다면 사람들이 뭔가를 알았다고 해도 진정으로 알았다고 할 수 없지 않을까?

학교에서는 공부한 결과를 알기 위해 시험을 보지. 배운 걸 얼마나 알고 있는지 시험 문제로 평가하는 셈이야. 보통 시험에 나온 문제를 풀면 그 내용을 알았다 하고, 풀지 못하면 모르는 걸로 평가해. 그런데 이렇게 어떤 시험 문제를 풀었을 때 그 문제에 대해 '안다'는 것과 사유해서 안다는 건 아주 달라. 사유해서 알았다 할 때의 '안다'와 시험 문제를 맞췄을 때 '안다'는 둘 다 같은 말을 쓰지만 알맹이는 너무나 다른 '앎'이야.

이를테면 국어 문제를 보자. 보통 문장의 뜻이나 지은이의 생각은 문장을 읽고 나면 알기도 하고 모르기도 해. 그런데 글을 읽고 '왜' 알기도 하고 모르기도 하는지에 대해서는 깊이 사유하면 할수록 알 수 없어. 말을 안다는 것은 그 의미를 안다는 거야. 어떤 말의 의미를 안다고 할 때 그 말의 의미는 저마다의 내면에 있지. 하지만 또 가만히 생각해 보면 그 말의 의미는 내 밖에 엄연히 존재하는 문장 안에도 있어. 그렇다면 의미는 '어디에' 존재하는 걸까. 국어 시험에서 문제를 잘 읽고 정답을 적었다고 해서 '말의 의미는 무엇이고 또 그 의미가 어디 있는지'를 안다고 할 수는 없어.

이에 비해 수학에서는, 어떤 문제의 답은 하나라고 정해져 있고, 그 문제를 풀면 우리는 '알았다'고 말해. 수학에서 말하는 '안다'는 국어와 비교할 때 무척 알기 쉬운 '안다'야. 하지만 어떻게 사람은 수학 문제를 알 수 있을까? 어떤 수학 문제의 정답이 하나라고 정해져 있는 거라면 그것은 은하계 끝에 있는 어떤 별에서도 그래야만 하지. 답은 내 밖에 따로 있는 거니까. 그렇다면 수학은 '어디에' 존재하고 있는 걸까? 인간의 뇌가 만들어 낸 공식일까, 아니면 따로 존재하는 뭔가가 있는 걸까? 깊이 사유하면 수학에서의 '안다'도 쉽지가 않아.

자연과학에서의 '안다'도 수학의 경우와 닮았어. 화학식 같은 걸 보면 그냥 배운 대로 공식에 맞춰서 풀면 되지. 답을 정확하게 풀면 '안다'고 할 수 있겠는데, '왜' 그 화학식은 그런 화학식으로 정해졌을까? 응? 자연의 법칙에 따라 그렇게 정해졌다고? 그렇다면 신은 있을까 없을까? 또 생물의 진화나 행동의 의미에 대해 배우긴 했지만, 그건 인간이 자기 마음대로 그렇게 '생각'하고 있을 뿐인 건 아닐까? 인간이 인간에 대해 탐구하는 방식으로 다른 생물을 탐구하고, 그런 뒤에 알았다 하더라도 과연 그 생물에 대해 진정으로 알았다고 할 수 있을까?

사회 분야를 보자. 사회에서 '안다'는 것은 뭘까? 그냥 별 생각 없이 열심히 암기해서 좋은 점수를 받기만 하면 되는 걸까? 하지만 역사상 존재했다는 인물도 사건도, 지금은 어디에도 눈에 보이는 것으로 존재하지 않은데, 왜 사람들은 그런 것들이 존재했고 그것을 안다고 생각하는 걸까? 역사는 그걸 말하는 사람의 '말'로서만 존재해. 그렇다면 역사나 세계, 현실을 만드는 건 역시 말이지 않을까?

오늘날 우리 사회가 강조하는 외국어인 영어의 경우를 보자. 외국어인 영어 문장의 뜻을 우리가 '안다'는 것은 말 이전에 그 말에 해당하는 의미가 인류에게 공통으로 있음을 가리키지. 그렇다면 인류는 공통의 의미를 언제 어디서 어떻게 알았을까?

이런 식으로 사유하기 시작하면, 어떤 분야에 대해서 공부하고 또 문제를 풀고, 그러고는 알았다는 기분이 들었던 것과 뭔가를 진정으로 '알았다'는 확연히 다른 것이어서 어쩌면 전혀 알지 못한 것일 수도 있다는 사실을 잘 알 수 있을 거야.

내 온 마음을 다 모아서 이 말만은 분명히 들려 주고 싶어. 음, ‘공부한다’는 것과 ‘사유한다’는 것이 반드시 같지는 않아. 어떤 면에서는 전혀 다를 때도 있어.

사람이란 존재는, 자기가 알았다고 생각했는데 사실은 전혀 알지 못한다는 걸 깨닫게 될 때 비로소 알기 위해 사유하기 시작하지. 사람이 뭔가에 대한 사유를 시작할 이유는 이것 말고는 없어. 알지 못한다고 알 때 그 때 비로소 사유하므로, 알고 있다고 생각하면 사유할 까닭이 없지 않을까? 반면 공부하는 이유는 사유하는 이유와는 달리 다른 것도 있어. 예를 들면 좋은 점수를 받으려고, 부모님께 야단맞지 않으려고, 또 사람들한테 칭찬을 듣고 싶어서… .

거듭 말하지만 사유하는 이유는 ‘알고 싶다’는 바람 말고는 없어. 만약 사람들이 알고 싶어서 공부를 한다면, 어떤 방향으로 하든 아무런 장벽도 없을 거야. 하지만 알고 싶다는 바람, 진실이 뭔지 알고 싶다는 강한 바람 없이 그저 주어진 지식을 외우는 것에 지나지 않는 공부만으로는 진실을 알기가 불가능해.

“나도 사유해서 진실을 알고 싶지만 지금 해야 할 일은 따로 있어. 열심히 공부해서 좋은 점수를 받아야 좋은 학교에 갈 수 있거든.” 하고 말하고 싶겠지. 그래, 그 말도 틀리지 않아. 하지만 무엇을 먼저 할지, 지금 내가 뭘 할지를 정하는 건 온전히 나 자신의 자유라는 걸 이미 사유해서 알고 있을 거야. 아직도 뭔가 혼돈스럽다면, 모든 게 내 자유에 달려 있다는 사실을 진정으로 알지 못해서 그래.

물론 지금 당장 알아야만 하는 건 아니야. 또 진정으로 알고 싶어하지 않으면 알 수도 없어. 지금은 우선 어떤 느낌만이라도 간직하고,

나름대로 필요하다 싶은 것을 해 나가는 게 좋겠어. 반드시 진심으로 사유하고 싶어질 때가 올 테니까.

이 장을 시작할 때 지금까지 이 책을 읽고, 사유하고, 알았는지 어떤지 물었던 이유가 바로 여기에 있어. '안다'는 것의 진정한 의미는 자기 스스로 사유해서 아는 것이지. 뭔가를 외워서 아는 것만으로는 '안다'고 할 수 없다는 이야기는 앞에서도 했어. 이 책의 문장 하나하나를 암기하는 사람은 없겠지만, 한 번 쓱 훑어보고는 "아, 이렇게 사유할 수도 있다는 걸 알겠어." 하고 말한다 해도 무엇인가를 알았다고 할 수 없어. 너희들이 이 책에 적혀 있는 걸 자기 스스로 사유해서 자기 것으로 확실히 만들었다면, 너희들의 삶의 방식이나 사유 방식은 반드시 변하게 마련이야. 분명 그렇게 된단다. 진정으로 '안다'는 건 바로 그런 거야.

잔소리를 듣다 보면 곧잘 "이제 알았다니까요!" 하고 화를 내곤 하지. 바로 그렇게 '알았다니까' 하고 대꾸하지만 너희들은 전혀 변하지 않아. 다시 말해 알았다고 말은 하지만 전혀 알지 못한 거지. 누구나 진정으로 '아는' 경험을 하게 되면 그 사람의 태도나 삶의 구도가 근본적으로 달라지지. 사람들은 종종 '머리로는 알겠는데 느낌이 오지 않아'라는 말을 하지. 이 말도 마찬가지야. 느끼지 못하면 알았다고 할 수 없어. 머리로 알았을 뿐인 지식이나 어딘가에서 꾸어 온 지식 따위에 어떻게 한 사람의 삶을 바꿀 만한 힘이 담겨 있겠어? 그런 지식과는 달리 '사유'하는 건 바로 자신의 삶, 그 불가사의 자체를 사유하는 것이므로 삶이 온전히 달라지는 게 당연하겠지.

다른 건 다 몰라도, 이렇게 살다가 죽는다는 게 도대체 뭔지 전혀 모르겠다는 사실만은 너무도 분명하게 알게 되었지? 이처럼 내가 모른다는 사실을 알게 됐을 때 비로소 사유를 하게 돼. 아무리 사유해도 결코 알 수 없다고 사유하지 않는다는 건 실은 모른다는 사실을 진심으로 알지 못해서 그래. '모른다, 나는 아직 알지 못한다'는 사실을 깨닫기 위해 사유를 하는 거지, 정답을 찾아서 사유하는 건 아니기 때문이야. 너희들이 앞으로 진짜 공부, 진정한 학문을 하고 싶다는 뜻을 품고 있다면 이것만은 알아 두는 게 좋겠어. 사유는 답을 찾기 위해 하는 게 아니라, 자기가 던지는 물음에 답이 없다는 사실을 깨닫고, 결국 그 물음과 하나가 되기 위해 하는 거라는 걸.

물음에 답이 없는 것은 불가사의가 존재하기 때문이지. 불가사의가 불가사의로 존재하기 때문에 사람은 사유하고 또 사유하게 되는 거야. 불가사의에 답이 있다면 그것은 이미 불가사의가 아니지 않을까? 아무리 사유해도 답이 없는 불가사의에 대해 사유하기 때문에 우리는 '여전히' '전혀' 모른다는 것만 '확실히' 알게 될 뿐이야.

그렇다고 사유하는 게 쓸데없는 일이냐 하면 그렇지는 않아. 풀리지 않는 불가사의, 답이 없는 불가사의가 바로 내 삶이자 죽음, 바로 '나' 니까. 뭔지 알 수 없는 것을 알지 못하는 존재로 살다가 또 그렇게 죽어 간다는 사실을 확실히 알고 있다는 건 그것을 분명히 깨달았다는 걸 뜻해. 자기 삶을 분명히 자각하는 것, 그건 무엇과도 바꿀 수 없는 삶에 대한 깨달음이야. 이 깨달음은 아무도 막지 못하는 강한 힘을 발휘해 힘차게 살고 또 힘차게 죽을 수 있게 하지.

너희들, 너희들은 어떻게 살고 싶니?

너희들도 느꼈겠지만 이 책에는 정답이 실려 있지 않아. 정답 같은 건 애당초 없기 때문에 실을 수가 없어. 뭔가 답을 기대하고 이 책을 읽었다면 지금쯤 허탕쳤다고 실망할지도 모르겠다. 하지만 지금 허탕쳤다는 생각이 든다면 그 생각을 잘 붙들길 바래. 그거야말로 시작이니까. 아직 모른다는 사실을 알았잖아. '읽기' 는 그 자체가 '사유하기' 라 할 수 있어. 그런데 글자를 읽는 것은 누구나 하지만 글자를 읽는 것만으로는 아무것도 알 수 없지. 글자를 읽는 게 아니라 '책을 읽는다' 는 것은 알지 못하는 뭔가를 함께 사유해 가는 거야.

이 책에 답은 적혀 있지 않아도, 불음에 대한 사유 방식은 적혀 있어. 물론, 사유 방식이 적혀 있는 책을 읽었다고 모두가 사유하는 건 아니야. 읽는 그 순간, 내가 실제로 어떻게 하느냐에 달려 있지. 헤엄치는 법을 책에서 읽어 알고 있다 하더라도 실제로 물에서 헤엄쳐 보지 않으면 헤엄치는 법을 익혔다고 할 수 없는 것과 같은 이치야. 단지 머리로만 이해한 지식이면 분명히 물에 빠지고 말아.

자, 너희들은 이 책에서 사유하는 법을 익혀 자신의 삶을 허우적거리지 않고 잘 건너갈 수 있을까? 살지 죽을지 판가름하기 힘든 깊은 물속에서 힘차게 헤엄쳐 밖으로 나갈 수 있을까?

산다는 게 시시하다고 생각하는지 아니면 멋지다고 생각하는지, 우리 일상과 아주 가까우면서도 또 절실한 물음을 던지는 걸로 이 책을 열었지. 그리고 그 물음을 어떤 식으로 사유해야 할지, 그것을 사유하는 것에서부터 출발했고. 자, 뭐가 뭔지 확실히 와 닿지 않는데도 여기까지 읽어 온 너희들은 이 책에서 던진 첫 물음에 지금은 어떻게 답할까?

내가 존재한다는, 내가 살아 있다는 이 불가사의는 다시 말해 우주가 존재한다는 불가사의이기도 해. 불가사의는 내가, 우주가 '있다'는 바로 그 사실이지. '없다'가 아니라 '있다'는 것, 이처럼 너무도 당연한 이 사실이야말로 가장 놀라운 불가사의지. 만약에 이 사실을 너희들이 진심으로 깨달았다면 당연하게 여겼던 일상이나 나날의 풍경이 조금은 달리 보일 거야.

부모님한테 야단맞고, 친구들한테 괴롭힘 당하는 시시한 일상도, 어떤 까닭으로 존재하는지는 모르겠지만 그냥 이렇게 존재하는 우주가 있기 때문에 존재하지. 혹성이나 은하가 '있는' 것과 마찬가지로 일상이 '있는' 거지. 극성스러운 부모님이나 심술궂은 친구도 우리 곁의 소소한 일상이지만 그렇게 '있다'는 것 또한 불가사의야. 그들도 불가사의한 우주에서 살고 죽는 존재들이지. 이런 생각으로 부모님이나 친구들을 보면 여태까지와는 뭔가 다른 느낌으로 다가올 거야. 왠지 모를 연민이 느껴질지도 모르지. 무슨 의미인지는 모르겠지만 아무튼 열심히 자식을 야단치고 친구를 괴롭히니 말이야. 그런 행동에 거짓은 없으니까.

또, 야단맞고 괴롭힘 당해서 고민하고 있는 너희들도 마찬가지야. 무슨 이유인지는 모르지만 너희들도 '존재' 하고 있으니까. 때때로 부모님과 친구들을 미워하기도 하고, 괴로워하기도 하는 나도 그들과 마찬가지로 사랑스러운 존재가 아닐까?

산다는 것 자체가 불가사의라는 사실을 알고 사는 사람과 모르고 사는 사람의 삶은 확연히 달라. 삶 자체가 불가사의라는 걸 깨달은 너희들은 '왜 있다는 있고, 없다는 없을까?' 같은 질문을 해서 다른 사람들의 비웃음을 살지도 모르지. 그런 당연한 걸 왜 묻냐고 말이야. 하지만 그렇게 비웃고 있는 그들도 '삶(있다)과 죽음(없다)' 이라는 불가사의 자체로 살다가 죽는다는 점은 똑같아. 모르는 것보다는 불가사의라는 사실을 알고 그렇게 살다가 죽는 쪽이 비교할 수 없을 정도로 풍요로운 삶을 살게 돼. 똑같이 살다가 죽는다 해도 깊이는 전혀 다르지.

이 책을 읽으면서 지금까지 사유해 온 건 너희가 이 불가사의한 삶을 더 깊이 느낄 수 있도록 도와 주는 보조기구 같은 거라고 생각해도 좋아. 불가사의는 막연히 느끼는 것만으로도 충분하니까. '뭔가 이상한 느낌이 들어, 어쩌면 다른 뭔가가 있는 게 아닐까?' 하고 끊임없이 느껴 가는 것만으로도 너희들의 삶은 충분한 깊이를 지닐 수 있어. 그럼에도 만약에 너희들이 알지 못한다는 사실을 자각하고, 그래서 사유하기를 선택한다면, 그런 삶을 감히 선택한다면 너희들은 그 때부터 모험가야, 멋진 모험가! 영원한 불가사의에 도전하는 위대한 모험가가 되는 거지.

방금 '모험가' 라고 했는데, 지금 이렇게 사유하는 너희들이라면 이 말이 반드시 이 삶에서의 모험가만을 뜻하지 않는다는 걸 잘 알겠지. 물론 사람들이 흔히 말하는 새로운 생활이나 직업, 다른 나라를 탐험한다는 뜻도 아니야. 왜냐면 지금 인생에서 생사를 건 갖은 모험을 한다 해도 그건 결국 살고 죽는 것에 지나지 않기 때문이야. 실제로는 삶도 죽음도 없고 그건 그저 말에 지나지 않는다는 걸 진실로 알게 된 사람은 삶과 죽음을 넘어선 모험에 나서게 되지. 어쩌면 너무도 황당한 모험일 거야. 너희들이 지금 당장 우주비행사가 된다 해도 방금 말한 모험만큼 황당하지는 않을걸. 진실을 깨달은 사람들은 보통 사람들이 우주라고 굳게 믿고 있는 이 3차원 우주를 넘어선, 그 너머에 있는 우주에 대한 사유를 위해 길을 떠나거든. 그건 내적 우주를 탐험하는 모험가의 길이지.

호킹 박사 같은 이들이 하고 있는 게 그거야. 그 사람은 휠체어에 앉은 채 우주 여행을 즐기지. 호킹 박사는 과학자로 일반 수학식을 써서 11차원 우주를 찾아냈어. 그런데 그 11차원 우주는 도대체 어디 '있다' 는 말일까? 인간의 뇌는 3차원 물체일 뿐인데, 그렇다면 11차원이라는 사유는 어디에 '있는' 걸까? 그걸 사유하고 있는 건 '누구' 일까? '나' 일까? 그런데 과학적으로 말하면 '나' 란 바로 3차원에 지나지 않는 뇌일 뿐이잖아? 다시 물어 보자. '나' 는 도대체 '어디' 에 있을까? 아니, '나' 같은 게 도대체 '있는' 걸까?

3차원 세계에서 불가능한 일이
2차원 세계에서는 완벽한 현실이 된다.
합리와 비합리, 현실과 신비의 세계
그 경계에 우리는 걸터앉아 있는 것이 아닐까.

11차원 우주는 공상 과학 소설을 좋아하는 사람에게는 익숙한 세계일지도 모르겠다. 평행 우주(parallel world. 같은 시간대에 펼쳐진 여러 차원의 우주)나 시간 여행, 다중 인격처럼 기상천외한 상상과 사유가 공상 과학 소설에서는 자유롭게 펼쳐지지. 너희들은 그런 것들이 단순한 창작이거나 '머릿속'의 사유일 뿐이라고 생각하니? 그럴 리가 없지 않을까? 어쩌면 황당하고 기상천외한 상상이나 사유인데도 너희들은 그야말로 정신없이 읽고 있잖아. '사유'는 그것 자체가 하나의 현실, 하나의 우주라고 이미 여러 차례 이야기했지. 대부분의 사람들이 현실이라고 굳게 믿고 있는 현실을 넘어선 새로운 현실을 사유해서 내놓는다는 건 정말로 대단한 일이야. 새로운 현실을 내놓은 그 사람이 믿을 만한 사람이라면, 그 사람이 내놓은 현실은 불가사의에 도전하는 인류사의 위대한 걸음이 되겠지.

아직은 '존재한다'는 것의 불가사의에 눈을 뜬 사람이 많지 않지만 앞으로 인류는 조금씩 이 불가사의에 눈을 떠 갈 거야. 21세기는 인류가 존재의 불가사의에 눈을 뜨는 시대거든. 그래서 사유하기를 선택한 너희들은 존재의 불가사의를 탐구하는 모험가이자 선구자가 되는 거야. 물론 아주 어마어마한 일이지. 그렇지만 지금 너희들이 꼭 해야만 하는 일이라는 걸 너희들도 이미 알 거야. 불가사의에 대한 탐구는 인류를 위해서가 아니라 '나'를 위해 하는 거지. 이유를 알 수 없지만 이렇게 존재하고 있는 자기 자신을 위해 사유하지 않으면 안 되는 거지. 자기 자신을 위해 사유해야만 하므로, 사유하다 보면 마침내 '나는 곧 인류'라는 것도 반드시 깨닫게 되어 있어. 그러므로 결국에는 인류를 위해 사유하는 것과 마찬가지가 되지.

사유에는 끝이 없어. 불가사의에 끝이 없기 때문이지. 끝이 있다면 그건 불가사의한 게 아니야. 하지만 불가사의를 찾아 가는 실마리는 어디에나 널려 있어. 그저 당연히 '있다'고 여겼는데 새삼스레 그 당연한 사실이 놀랍게 다가온다면 '있다'고 여겼던 모든 것이 불가사의를 푸는 실마리가 될 거야.

예를 들어 공상 과학 소설을 즐겨 읽지 않는 사람이라도 날마다 꿈은 꾸지. 꿈을 꾸는 일이 얼마나 기묘한 건지 너희들은 혹시 깨닫고 있니? 당연히 꿈에 나오는 장면은 말할 수 없이 기묘해. 하늘을 날기도 하고, 도깨비를 만나 도망치기도 하고, 자신이 동물이나 다른 사람으로 변해 있기도 하지. 하지만 더 기묘한 건 꿈을 꾸는 동안에는 그 기묘한 장면을 전혀 기묘하게 여기지 않는다는 거야. 그러고 보면 가장 기묘한 건 꿈꾸는 그 자체라 하겠어.

꿈속에서 다른 사람으로 변해 있는 너희들은 그걸 기묘하다고 생각하지도 않을 뿐더러, 그 다른 사람이 바로 자기라는 걸 그냥 '알아'. 어떻게 '아는' 걸까? 만약에 꿈에서 나로 등장하는 그 사람이 나라면 나는 그 사람인 걸까, 아니면 그 사람이라고 '알고 있는' 지금의 나인 걸까? 꿈에 나온 다른 사람이 나라니, 도대체 어떻게 된 일이지? '나'는 도대체 누구일까? 여기서도 불가사의한 '내'가 고개를 내밀지.

만약에 너희들이 나라고 굳게 믿고 있는 이 '내'가 내가 아니고 꿈속에서 꿈을 꾸고 있는 '내'가 진짜 나라고 깨달았다면 너희들이 꿈을 꾸고 있는 게 아니라 꿈에 나온 그가 너희들을 보고 있는 셈이야. 이 가정의 의미가 무엇인지 그 뒤는 스스로 사유해 보도록 해. 꿈을 사유하는 일은 선명하지 않지만 무척 흥미진진해. 모험가에게는 참을 수 없는 매력 덩어리지. 그건 우주 자체가 바로 내가 보고 있는 꿈이기 때문이야. 음, 갑자기 여기까지 사유하기는 힘들겠지? 하지만 이건 진실이야. 너희들 가운데 흥미 있는 사람이 있으면 동서고금에 내로라하는 내면 세계 탐험가들이 남긴 책을 읽어 봐도 좋겠다. 모두가 거의 같은 사실들을 얘기하고 있거든.

모험가로 태어난 자신의 운명을 받아들인다면, 그래서 모험을 선택한다면 반드시 사유의 길을 더듬어 가게 될 거야. 그럴 때 말이야, 만약 길에서 헤매게 되면 부디 처음으로 돌아가길 바래. '내가 존재한다' 는 불가사의의 출발점으로. 그리고 차근차근, 하지만 망설이지 말고 용감하게 다시 앞으로 나아가. 물론 끝이 있을 리 없다는 건 알고 있겠지? 그렇기 때문에 모험가라고 하는 거야.

이제 이 책은 무사히 끝에 이르렀어.

여기까지 같이 오긴 했지만, 모험가라니! 그런 생각은 도저히, 도저히 나와는 관계도 없고 뭐가 뭔지 전혀 모르겠다는 사람이 훨씬 많을 거야. 그래도 전혀 상관없어. 모르는 것을 아는 척 하는 것보다 솔직하게 모른다고 하는 편이 훨씬 훌륭하니까.

소소한 일상인 삶의 재미를 묻는 것에서 출발해서 우주의 끝까지 다녀왔는데, 긴 여행을 떠났다가 이렇게 다시 소소한 일상으로 돌아온 너희들은 앞으로 과연 어떻게 살아 갈까?

'존재한다' 는 건 기적이야. 존재하고 있는 온갖 것이 기적이고, 불가사의라고 하는 절대 진리를 손에서 놓지만 않는다면, 앞으로의 인생이나 이 세상에서 여러 가지 일을 겪어도 고민하지 않고 사유해 갈 수 있을 거야. 고민하지 않고 사유하기 위해서도 인간에게는 사유하는 정신이 필요해. 사유하고 싶은데 제대로 사유하기가 힘들다고 여겨져도 전혀 관계없어. 삶(있다)과 죽음(없다)의 불가사의를 느끼고, 그 불가사의를 맛보면서 인생을 소중하게 여기며 살아 가면 돼. 진리는 모든 사람에게 평등한 거니까 진리를 믿고 따르면 그것으로 충분한 거야.

진리는, 너희들이 사유하고 있는 불가사의한 진리는 다른 곳에 있지 않아. 너희들 자신이 바로 진리야!

'내가 진리다' 라는 사실을 똑똑히 되새기기 위해서 분명하게 느끼고 사유하자!

덧붙이는 이야기

모든 것을 이런 식으로 사유하는 것을 '철학' 이라고 합니다.

만약에 여러분들이 이런 식의 사유 방식, 당연하다고 생각하던 것이 실제로는 어떤 것인지 알고 싶어 사유하는 것에 흥미가 있다면 서점이나 도서관에 가서 '철학' 이라는 이름이 붙어 있는 코너를 살펴보면 좋을 것입니다. 그곳에는 옛사람으로는 플라톤, 데카르트, 칸트 같은 유명한 사람들의 책이 나란히 꽂혀 있고, 현재 살아 있는 사람들이 쓴 책도 많이 있을 겁니다.

그런데 어쩌면 여러분들이 그 책을 읽어도 아주 생소한 말이거나 이상한 은유가 자꾸 나와 무슨 뜻인지 종잡을 수 없을 것입니다. 여러분들이 이 책에 나와 있는 방식대로 '사유한다' 는 게 무엇인지 알고 있다면 그런 책들을 무리해서 읽거나 전문 용어를 반드시 외울 필요는 없습니다. 무엇 때문인지는 알죠? 그러니까 여러분들이 원하는 것은 '사유해서 안다' 는 것이지 '읽어서 외운다' 가 아니기 때문입니다.

자기 스스로 사유하고 알기 위해 다른 사람의 책을 읽고 그 내용을 외워야 할 필요는 없습니다. 물론 책을 남긴 철학자들은 자기 스스로 사유해서 알게 된 사실을 책으로 남긴 것이지만, 그것들을 읽고 과연 어떻게 사유해야 하는지 모른다면 그 책들을 읽어도 아무 소용 없습니다. 곧, 어떻게 사유해야 하는지를 모른다면 그 책을 아무리 읽어도 아무것도 알 수 없을 것입니다. 그런데 대부분 사유하는 방법도 모른 채 철학 책을 읽고 사유했다고 착각하는 경우가 많습니다, 자기 스스로 사유한다는 게 어떤 건지 아주 조금이라도 알고 나서 그런 책들을 읽는 편이 좋지 않을까 합니다. 하나하나 사유하면서 읽다 보면 이렇게 재미있는 책이 있었다는 사실에 감탄할 것입니다.

아무튼 중요한 것은 여러분들이 '알고 싶다' 는 욕구를 강하게 가져야 한다는 것, 단지 그뿐입니다. 아무리 훌륭한 철학자라도 끊임없이 사유해 온 이유가 바로 알고 싶어서였습니다. 알고 싶다는 욕구에서는 누구나 똑같습니다. 그러므로 인류가 철학이라는 사유 행위를 끊임없이 계속할 수 있었던 까닭이 무엇인지 확실히 알고 있다면, 여러분들은 이미 철학을 시작한 셈입니다. '철학' 이라는 말을 들어 본 적이 없다 해도 말입니다. 이 책이 조금이나마 여러분들이 철학을 시작하는 계기가 되었으면 합니다.

이 책의 독자를 우선 열네 살 정도로 잡고 그래서 말투도 좀 편하게 해 보려고 노력했습니다. 하지만 그렇다 해서 내용의 수준이 낮아진 것은 아닙니다. 낮아질 리가 없습니다. 왜냐하면 함께 사유해 보고자 했던 것이 우리 모두, 더 나아가 인류가 공통으로 안고 있는 '존재의 불가사의’이기 때문입니다.

따라서 뭔가 답을 정해 놓고 가르치는 것이 아닌 이 책에 ‘사유를 위한 교과서’라는 이름을 붙이는 건 어쩌면 전혀 어울리지 않을지도 모릅니다만, 아이들과 함께, 또는 혼자서 이 불가사의를 사유해서 알고 싶은 의욕을 가진 모든 연령의 사람들에게 어떻게든 작은 도움이 될 거라고 생각하고 있습니다.

여기서 잠깐 이 책을 읽는 데 도움말을 한마디 덧붙이자면, 1~2장은 열네 살부터, 3장은 열일곱 살부터라고 되어 있습니다. 하지만 3장에서 다루는 내용이 조금 더 넓은 시야가 필요하지 않을까 생각한 것이지, 추상도로 보면 어느 장이나 별 차이는 없을 것입니다. 좀 무리해서라도 나누어 보자면 1장은 ‘원리’, 2장은 ‘현실’, 3장은 ‘진실’이라는 느낌으로 풀어 보았습니다.

트랜스뷰 출판사 대표인 나카시마 씨의 아들이 우연히도 중학교 3학년이어서 그야말로 ‘살아 있는’ 소중한 의견을 참고할 수 있었습니다. 그 의견이 이 책에 잘 반영되어 있다면 참으로 다행이라고 생각합니다.

2003년 2월

이케다 아키코

  이 책을 처음 만나, 우리 말로 소개해야겠다고 마음먹은 게 벌써 세 해 전입니다. 제 조카가 고등학교 2학년으로 입시 전쟁터 한가운데 있을 때였습니다. 그런데 제 조카는 전쟁터에 나간 병사답지 않게 고민이 많았습니다. 왜 싸워야 하는지, 저 고지를 왜 점령해야 하는지, 왜 살아야 하는지… 날마다 고민은 깊어졌지만 주위에는 이런 이야기를 함께 나눌 친구도 선생님도 없었습니다. 가끔 연락을 주고받던 저는 그저 '힘내라' 는 맥빠지는 격려사만 되풀이하곤 했습니다. 그 때 눈에 띄었던 게 바로 이 책이었습니다. '왜' 에 대한 답을 가르쳐 주지는 않지만 답을 함께 찾아 떠날 길동무로는 손색이 없겠다는 확신이 들었기 때문입니다.

  번역을 해 가면서 자주 곤혹스러웠습니다. 원래 제목이 '열네 살부터의 철학' 이라 되어 있고, 그 또래 청소년들도 누구나 이해할 수 있는 쉬운 말로 들려 주고 있지만, 내용만큼은 마흔을 넘긴 제게도 결코 만만치 않았거든요. 삶이 만만하지 않기는 십대나 사십대나 마찬가지이기 때문이겠지요. '다 알고 있는 듯한 얼굴을 하고 있는 어른들을 당혹스럽게 만드는 책'이라는 서평이 결코 과장이 아님을 실감할 수 있었습니다.

우리 말로 옮기기에 난감한 낱말들도 있었습니다. 일본에서는 思(생각할 사)와 考(곰곰이 생각할 고)를 확실히 나누어서 쓰고 있습니다. 앞의 것은 '오모우'라 읽고, 뒤는 '캉가에루'라고 하죠. 두 개념의 차이를 분명히 알아야만 이 책이 말하고자 하는 바를 정확하게 이해할 수 있는 터라, 그 차이를 어떻게 표현해야 할지 그야말로 곰곰이 생각다가, 결국 '오모우'는 '생각하다'로 '캉가에루'는 '사유하다'로 옮겼습니다. '사유하다'가 '캉가에루'처럼 우리 일상에서 널리 쓰이는 말이 아니라 아쉬웠지만요.

이 책이 처음 세상에 나왔을 때 일본은 청소년 문제로 몹시 시끄러웠습니다. 어른들이 깜짝 놀랄 범죄를 저지르기도 하고 자기 자신을 돌보지 않는 모습이 두드러지면서, 풍요로운 물질 문명을 누리면서 성장한 청소년들에게 뭔가가 빠져 있음을 깨닫게 된 거지요. 그래서 인간의 내면 속에 깃들어 있는 정신의 위대함, 알 수 없는 그 '무엇'을 자각할 수 있도록 도와 줘야겠다고 글쓴이는 생각했답니다.

이 책에서 다루는 주제들은 사실 학교에서는 거의 다루지 않는 것들입니다. 보통 학교는 생각하는 법을 가르쳐 주지 않지요. 시키는 대로 따르고, 주어진 정답을 그대로 삼키도록 요구할 따름입니다. 그래서 아이들은 학교 다닌 햇수가 늘어 갈수록 더 이상 스스로 생각하지 않는 사람이 되어 갑니다. 하지만 그런 사람은 결코 자기 삶의 주인이 될 수 없겠지요. 또한 시키는 대로 움직이고, 남의 생각을 자기 생각인 듯 착각하면서 사는 사람들로 가득한 사회는 결코 건강한 사회가 될 수 없을 것입니다.

철학이란 곧 자기 자신을 성찰하는 일이 아닐까 싶습니다. 이 책에서 말하는 대로라면 '사유하기' 곧, 단순히 어떤 사실에 대해 생각하는 것을 넘어서 근본적인 물음을 던지면서 삶과 존재의 불가사의한 영역을 더듬어 보는 것이겠지요. 글쓴이도 말하듯이 '삶과 존재에 대한 경이로움은 누군가한테서 배우는 것이 아니라 자기 스스로 깨닫는 수밖에' 없다고 봅니다. 이 책이 하는 일은 그렇게 스스로 이 길을 걸어가도록 뒤에서 슬쩍 밀어 주거나 함께 걸어가 주는 일이겠구요. 그렇게 함께 걷다 보면 평범하기 짝이 없는 우리네 삶과 이 세계가 얼마나 신비로운지, 어떻게 살아야 할지를 새삼 깨닫게 될 것입니다.

아무쪼록 이 책이 십대 친구들에게뿐만 아니라, 스물을 넘겼지만 여전히 길을 헤매고 있는 제 조카와 또 많은 선생님들, 부모님들께도 좋은 길동무가 되기를 바랍니다.

2006년 2월
김경옥

열네 살의 철학

초판 1쇄 인쇄 2006년 3월 15일
2판 6쇄 발행 2010년 7월 30일

글쓴이 이케다 아키코 옮긴이 김경옥 그린이 현놀
펴낸이 현병호 편집 김경옥, 조영은 디자인 한지아 관리 서명희
펴낸곳 도서출판 민들레 출판등록 1998년 8월 28일 제10-1632호
주소 서울시 마포구 동교동 203-48 전화 02-322-1603 전송 02-6008-4399
전자우편 mindle98@empal.com 홈페이지 www.mindle.org

ⓒ 도서출판 민들레, 2009
ISBN 978-89-88613-17-7(03100)

이 도서의 국립중앙도서관 출판시도서목록(CIP)은
e-CIP 홈페이지(http://www.nl.go.kr/ecip)에서 이용하실 수 있습니다.
(CIP 제어번호: CIP 2010002550)

값은 뒤표지에 있습니다.

"더러운 연못 속에는 물고기도 살지 못하듯

맑고 깨끗한 사회에서만 창의와 희망이 숨쉴 수 있습니다.

이 책은 바로 우리 사회를 아름답고 희망차게 만드는 근본을

쉽고도 재미있는 일화들을 통해 들려 주고 있습니다."

_박원순(아름다운재단 · 희망제작소 상임이사)

다리미를 든 대통령

김정수 씀 | 값 8,500원

'부패' 는 참아도 '무능' 은 참을 수 없다 !?

선거 때 이렇게 주장하는 정치인이 있었습니다.
과연 그럴까요? '무능' 과 '부패' , 둘 다 한 사회가
성장해 나가는 데 결정적인 걸림돌이 아닐까요?
몇 해 전 한국을 방문한 핀란드 대통령은
다리미를 들고 손수 옷을 다려 입어 우리를 놀라게 했습니다.
왜 핀란드가 세계에서 가장 깨끗한 사회로 손꼽히는지 짐작할 수 있지요.

부패 없는 사회를 위해 온몸으로 실천하고 있는 한 활동가가,
특히 청소년들을 위해 열심히 찾은 자료들을 중심으로 책을 엮었습니다.
잘 알려지지 않았던 부패의 역사와 그걸 넘어서고자 애쓴 사람들의 이야기가
재미있는 일화와 쉬운 문체로 물 흐르듯이 이어집니다.
이제 막 세상에 눈을 뜨는 청소년들이 이 사회를 투명하게 만들어 가는
주인공으로 성장해 나가는 데 디딤돌이 되어 줄 것입니다.

도서출판 민들레 02)322-1603 www.mindle.org

금희의 여행

최금희 씀 | 임양 그림

무시무시한 강제노동수용소로 잘못 알려진 아오지탄광 마을에서

어린 시절을 보낸 어느 새터민 청소년이 들려주는 이야기

아오지에서 보낸 그리운 어린 시절,

그리고 북한을 떠나 남한에 오기까지 겪은 숱한 어려움들,

이곳에 와서 마음고생하며, 남과 북이 아니라

사람과 사람으로 만난다는 것이 무엇인지를 깨닫기까지의

기나긴 여정이 감동적인 글과 그림으로 펼쳐집니다.

통일을 위해 우리가 진정 준비해야 할 것이 무엇인지를 다시 한번 생각해보게 합니다.

도서출판 민들레   02)322-1603 www.mindle.org